不打骂 不宠溺

刚刚好的教养力

郑多多 著

MY

SUPERDAD

天津出版传媒集团
天津人民出版社

图书在版编目（CIP）数据

不打骂、不宠溺，刚刚好的教养力 / 郑多多著．—
天津：天津人民出版社，2019.4
ISBN 978-7-201-14579-2

Ⅰ．①不… Ⅱ．①郑… Ⅲ．①家庭教育 Ⅳ．① G78

中国版本图书馆 CIP 数据核字（2019）第 038089 号

不打骂、不宠溺，刚刚好的教养力
BUDAMA BUCHONGNI GANGGANGHAODE JIAOYANGLI

出　　版　天津人民出版社
出 版 人　刘　庆
地　　址　天津市和平区西康路35号康岳大厦
邮　　编　300051
邮购电话　（022）23332469
网　　址　http://www. tjrmcbs. com
电子信箱　tjrmcbs@126.com

责任编辑　刘子伯
装帧设计　朱晓艳

印　　刷　北京溢漾印刷有限公司
经　　销　新华书店
开　　本　710×1000毫米　1/16
印　　张　15
字　　数　221千字
版次印次　2019年4月第1版　2019年4月第1次印刷
定　　价　42.80元

前言

孩子越大越难教，而且问题也越来越多，这是所有家长都非常头疼的问题。

其实，不是孩子越大问题越多，而是家长往往只看到了孩子的行为表象，却忽视了孩子的内心想法，我们自以为是孩子“不听话”，孩子可不这样想，思想上的分歧往往导致沟通不畅和教育败局。

我们必须清醒地认识到：子女教育实际上是一门“动心”的功课，如果你不把工作做到孩子心里去，教育效果只会显得苍白无力。父母不要总是自以为是，完全以自己的意志为标准去教育孩子，甚至不去和他们讲道理。这不是教育，是驾驭。这样的教养方式，不能促成亲子间的有效沟通，也不能对孩子生理、心理的健康发育进行正确有效的辅导和帮助，往往会导致孩子出现成长障碍和心理发育不完善等问题，这对孩子人生的影响何其严重？不言而喻。

好的父母，不是把孩子教育成自己和别人眼中“好孩子”的样

子，而是引导孩子成为你和他自己都欣赏的样子，这需要我们能够倾听孩子的心声，读懂孩子的悲喜，理解孩子的无助，接受孩子的脆弱……像朋友那样，陪伴孩子成长。

《不打骂、不宠溺，刚刚好的教养力》，是通过平和教养与孩子联结，杜绝粗暴教育与过度养育，以情感引导帮助孩子发展自律力、合作力、学习力以及自己解决问题的能力。是为了培养孩子们受益终生的社会技能和人生技能，全面的、被证明行之有效的“刚刚好”的育儿技巧和方法，将给父母的家庭教育工作提供极大的帮助。

书中列举了各种现实场景，指导父母将“教养难题”转化为培养技能的机会，将声色俱厉转化为有意义的干预。《不打骂、不宠溺，刚刚好的教养力》巧妙地引导家长尊重孩子的感受、设定限制、减少冲突，培养终生受用的能力。

目录

辑一 教养，在生活的细节里

不同的教育细节的取舍，体现的是不同的教育逻辑和内涵，可以教育出截然不同的孩子。再好的教育理念，没有日常的具体行为细节配套，最终都是没有意义的。

辑二　培养自己，和培养孩子一样重要

我们应该把培养自己看得和培养孩子一样重要。在期待孩子具备任何能力之前，家长得先深刻体会或学习那种能力，在培养出一个德才兼备的孩子之前，得先做一个德才兼备的家长。

辑三　孩子成长关键期，放下手中的遥控器

“一味要求孩子顺从”模式教育出来的孩子，往往自卑感强，缺乏自尊、自信。好的教育，家长应该与孩子建立平等的沟通平台，尊重他们的想法，感受他们的心情。

辑四 用“服之以理”，淘汰棍棒教育

当孩子面对恶狠狠的你时，他们学到了什么？学到了粗暴，学到了坏脾气，学会了指责，学会了狡辩，还学会了胆小和自卑。这就是父母棍棒教育的后果。对孩子，请服之以理。

辑五　赏识教育，把爱的信息传递给孩子

好孩子是夸出来的。真心赏识孩子，就如一剂甜甜的良药，能激励孩子不断奋进，能帮助孩子找回自信心。孩子内心有着强烈的受赞欲，再差的孩子心中都有成为好孩子的欲望。

辑六　别把孩子当祖宗，敢对孩子说“不”字

关注孩子是家长的天性，保护、帮助孩子是家长的职责，但是如果孩子一举一动都令你战战兢兢，他的一哭一闹都让你心惊肉跳，就说明你关注过头了，你其实已经被舐犊之情绑架了。

辑七　这样跟孩子定规矩，叛逆的孩子也不抗逆

很多家长不能冷静对待孩子的问题。他们采用高压手段，结果导致孩子更强烈的反抗。显而易见，教育反抗期的孩子，简单、粗暴的处理方式是绝对行不通的。

辑八　了解拖延真因，祛除孩子拖沓的病根

所有拖延行为的背后，都有爸妈不知道的深层原因。所以，当我们所做的努力没有好的效果时，就需要从更深层次去探索这一行为的源头，从而找到最根本的改进方法。

辑九　把孩子放养出去，从小栽培孩子的社交力

交往是人的需要，也是人生存的必要。在当前独生子女居多、孩子被过度保护的情况下，孩子社交力的培养更显得尤为重要。亲子教育的三大目的之一，就是帮他增进友情。

辑十 自然学习法，给孩子的未来脑计划

兴趣是求知的内在动力。自然学习法就是要激发孩子的学习兴趣，孩子就会主动积极，学得轻松而有成效。最终达到学有所成的目的。

辑一
教养，在生活的细节里

不同的教育细节的取舍，体现的是不同的教育逻辑和内涵，可以教育出截然不同的孩子。再好的教育理念，没有日常的具体行为细节配套，最终都是没有意义的。

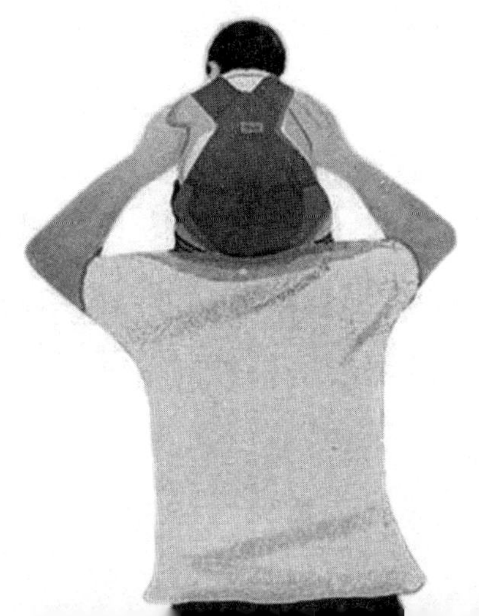

孩子的个性，取决于家庭环境

社会上的一切都可以在家庭中以各种方式反映出来，而这种反映又在不同程度上影响着孩子个性的形成和发展。家庭环境对于孩子的影响，就像鸡蛋与温度。没有合适的温度，鸡蛋永远也变不成小鸡。

有一个很聪明的孩子，想象力十分丰富，文字表达能力很强。但是，他的作文总给人一种满篇牢骚、怒火燃烧的感觉。写作的题材基本上都是“路见不平，拔刀相助”。这样的孩子将来能理性处事吗？——孩子的班主任想。

这个孩子对班主任是十分尊敬的，当班主任提及他的心中怒火时，这个孩子发怒了：“你问这个干什么？”说完扭头就走，喊都喊不回来。

一个星期天，他妈妈来找班主任。班主任给她讲了实话。没想到这位母亲竟和她的儿子说出同样的话：“你问这个干什么？”并流露出一种强烈的愤怒。

这位班主任慢慢地给她讲了一些培养孩子心理智慧和情感智慧的知识，讲了一些全面塑造孩子心灵的道理，这位母亲才平息了心中的愤怒。这位母亲是一个直性子人，愤怒平息后，她的态度很快就变得友好起来，并毫不隐瞒地讲了实话。

原来，在家里，孩子的父母几乎没有一天不吵架。他们之间没有情感的隔阂，但是，性格都十分火爆，几乎连一句平和的话都很少说，一开口就带有火药味。孩子小的时候，他们一吵架，孩子吓得瞪着大眼睛发呆。孩子大一点的时候，他们一吵架，孩子就咬着嘴唇愤怒地盯着他们，不说一句话。再大一点的时候，就干脆跑出屋子，几个小时不回家。

这位班主任语重心长地告诉她："为了孩子，要熄灭家庭战火。"过了几天，这个孩子的母亲带着父亲来了，非要班主任把给她讲过的话再讲给她的丈夫听。经过几次接触，这位孩子父母的性格有了很大的变化，孩子也似乎变了一个人。

家庭是第一个有面对面交流的初级群体，孩子在家庭中所感受到的情感模式，是对峙还是容纳、是指责还是谅解、是互敬还是打击，以及父母怎么处理分歧，怎么沟通互动等方式方法，都在一定程度上决定孩子以后怎样和他人相处。家庭教育的重要性不言而喻，而用心经营家庭环境更是每位父母最神圣的义务和责任。

家里硝烟不断，孩子心理凌乱

在孩子心理发育的过程中，如果夫妻关系不好，父母不良的情绪就会投射到孩子身上，产生不安全感和不信任感。在日后人格形成的过程中，孩子就会无法面对某些情绪，出现紧张、害怕，孩子也因此会变得喜怒无常。

调查显示，一个家庭如果父母经常吵架，那么这个家庭中的孩子

的心理问题往往比离异家庭中的孩子还要多。专家告诫，让孩子生活得有安全感是为人父母最起码的责任。大人不要认为感情是两个人的事，便相互攻击、谩骂，这对孩子心理造成的负面影响将终生难以弥补。

君君的父母关系非常不好，经常在饭桌上当着君君的面吵得面红耳赤，吓得君君吃不下饭。有时候睡到半夜就听到隔壁妈妈在骂爸爸：“我瞎了眼了我，当初怎么就看上你这么个浑蛋，要不是为了君君，姑奶奶早就跟你这个不要脸的离婚了！”随即就是砸东西的声音。每当这个时候，君君总是把头蒙在被子里，枕头都不知道被泪水打湿了多少次。

就这样，君君吃不好，睡不好，白天总是无精打采的，上课犯困，放学吓得不敢回家，他非常不想听到爸爸妈妈吵架的声音。终于有一天，君君实在受不了了，只好离家出走。

父母关系不和谐，实际是家长对孩子实施的第一种精神虐待。由于孩子年龄小，不了解导致父母吵架的真正原因是什么，而只能从自我的角度认为自己是引起父母吵架的根源，从而形成一种深重的罪孽感和内疚感。同时，他们又担心父母大吵大闹的结果是抛弃自己，因而产生强烈的、难以名状的恐惧感。这种负面情感，会对孩子造成很深的精神创伤，严重的还会造成心理障碍。

据《工人日报》报道，在父母经常吵架的家庭中孩子的心理问题检出率为31.68%，离婚家庭的为30.30%，和睦家庭为18.88%。“有些家长口口声声说为了孩子才不离婚，却终日‘硝烟’不断，殊不知这种行为带给孩子的伤害更难消除。”主持此项调查的哈尔滨医科大学医学心理学教授王丽敏说，经常面对家庭“战火”的孩子，容易陷入人际交往障碍，焦虑，多疑，对未来生活缺乏信心，尤其易对婚姻产

生恐惧感。

另外，父母关系不和谐，还会造成孩子厌恶自己的家，觉得家庭并不是他们避风的港湾，所以也不愿意回家。严重一些的会有早恋的不良现象发生，因为他们在家找不到安全感和爱，所以他们就到其他人身上去找，一旦遇到一个关心他们的人，他们就会很快坠入情网，就算他们不懂得爱情，但是他们喜欢接近对他们好的人，而不是整天不顾他们的感受吵吵嚷嚷的人。

很多家长可能都没有意识到，孩子不仅仅需要父母的爱，也需要父母相爱以及一个和谐的家庭环境。因此，父母保持家庭稳定，减少冲突，不要大吵大闹，是保证孩子心理健康所必须做到的，也是培养孩子的情感专注力所必不可少的。

1. 夫妻之间要相敬相爱

夫妻应该相敬互爱，而且要公开地让孩子看到这种深厚的感情。比如，父亲在生活中多照顾妻子，逢年过节向他们的母亲赠送礼物，出门时给她写信等。如果孩子了解他的父母是相亲相爱的话，父母就无须更多地向她解释什么是友爱和亲善了。父母的真实情感流入了孩子的心田，从而有益于他在将来的各种关系中发现真挚的感情。

2. 夫妻双方都要懂得忍让

夫妻间如果有矛盾需要解决，应该考虑孩子的心理感受，尽量控制情绪，不要随意发泄。退一步讲，如果非吵不可，也应避开孩子换个环境，或让孩子暂时离开。

3. 心平气和地讨论双方之间的矛盾

父母可以让孩子知道你们之间的矛盾，甚至还可以让孩子参与进来讨论，听听他是怎么说的，不管孩子说得对与错，都不要争得面红耳赤。

4. 不要拿孩子说事

有的父母喜欢在争吵时说："要不是为了孩子，早就跟你离婚了。"这话如果让孩子听到了，她就会误认为父母的争吵是因为自己引起的，会因此产生内疚。父母一定要就事论事，不要把孩子扯进来。

父母应尽量达成同步的教养认知

在许多家庭里，夫妻之间常在孩子的教育上不知所措或产生矛盾。夫妻双方对孩子的教育有不同的看法、想法，甚至矛盾，这原不是什么了不起的大事，而是自然现象。如同对一个事情，不同的人可有不同的看法一样，不足为怪。因此夫妻双方发生分歧时，不必彼此抱怨，可以通过讨论、协商达成共识。但是，在爸爸和妈妈有了分歧之后，有一点值得特别注意的，那就是这种分歧和矛盾不要暴露在孩子面前。

事实上，不少父母在教育孩子时正是在这个节骨眼上犯了错误。譬如，妈妈在教育或责备时，爸爸站出来替儿子说话；或者是在爸爸责备儿子时，妈妈站出来替儿子鸣不平。这样的例子在生活中比比皆是。譬如：

孩子吃了晚饭坐在电视机前不肯起身，妈妈便催促孩子去做功课："不要再看电视了，该去做功课了。做完了好睡觉。"孩子不起身，"我看完再去！"妈妈坚持说："看完这个节目，就很晚了，还能做什么功课！快去，听话！"儿子正在犹豫，这时，爸爸却在一旁搅和："让他

看完算了！”儿子当然也就不起身了。结果功课也就不要做了。

在花钱上也常出现这种不一致的现象。孩子跟妈妈要钱买新运动鞋，妈妈认为旧的没有破，可以穿，不必买，因而不给钱。孩子又去找爸爸，爸爸经不起他的纠缠便给了。这是两个常见的例子，夫妻虽然没有争吵，但是给孩子的不良影响却是一样的。这使爸爸（或妈妈）在孩子的心目中没有了威信，孩子有了依仗，可以不听爸爸（或妈妈）的话，助长了孩子的任性和娇气。而且，这样会使得孩子无所适从，更重要地是助长了孩子不听话的表现。因为既然爸爸认为妈妈责备得不对，或者反过来，妈妈认为爸爸的责备是不对的，那么孩子当然可以不必听了，因而孩子的错误或不良习惯也就得不到纠正，而且会对父母的意见和责备都置若罔闻。

所以在教育孩子时，爸爸一定要与妈妈达成一致，任何一方在教育孩子时，另一方都不应该出面袒护，即使爸爸或妈妈责备得不对，也不要当着孩子的面纠正，甚至是争吵。这样既会损害对方在孩子心目中的威信，使对方日后无法再对孩子进行教育，也会伤害母子或父子感情。

那么在具体问题上出现不同的看法，爸爸应该怎样处理呢？正确的方法应该是在妈妈责备孩子之后，在孩子不在面前的时候，再提出自己的看法，与妈妈讨论，以取得一致的看法，避免日后重蹈覆辙。

大人有矛盾，别在孩子面前解决

父母是孩子的第一任老师，有的父母总是嫌弃自己的孩子脾气很暴躁或者是无法跟同龄的孩子友好相处，而有的孩子从上学开始就不断地跟其他的小朋友发生矛盾，其实这些都和父母是分不开的。孩子的性格形成很大一部分原因是受到了来自父母的影响，如果父母之间总是产生矛盾，而不管孩子在不在场，那么，最终孩子的情绪和性格必然会产生不良的发展趋势。

夫妻吵架过程中，往往会在激烈的争吵中丧失理智，许多刻薄的话、粗话乃至脏话也难免会脱口而出，有的夫妻甚至还会大打出手。要知道孩子的模仿能力是非常强的，父母吵架时的神态、姿势、语气语调、用语他们都有可能学到，也很可能会予以实践。日后孩子在参加游戏的时候，很可能会对着小汽车破口大骂，或者是对同龄的小朋友说粗话、脏话。

妈妈们或许会对爸爸们有这样的抱怨："你儿子的脾气怎么跟你一样啊，都这么暴躁，动不动就发脾气，跟幼儿园的小朋友也没法好好相处，动不动就打架，真不知道这孩子到底是怎么形成这种性格的。"而爸爸们也会抱怨说道："你看你儿子怎么动不动就哭，跟小闺女似的，一点男孩的样子都没有。"其实，妈妈们抱怨孩子脾气暴躁的问题，是跟大人们平时的性格有关系的。比如说，在看到大人们吵架之

后，孩子就容易形成这种性格。更为重要的是，在孩子看到父母吵架的时候，往往会产生一种畏惧和恐惧的感觉，这种感觉会让孩子感受不到安全感。于是，在生活中，孩子在遇到一些具有威胁性的事情时，自然就会哭泣，这完全是因为内心比较恐慌和害怕的结果。

其实，孩子的性格形成与父母自然的行为是分不开的。当孩子看到爸爸总是冲着妈妈大嚷，他们的内心可能会产生恐惧和紧张，在以后看到同样的事情，比如说看到大街上两个人大嚷的时候，也会产生恐慌的心情。久而久之，孩子往往会缺乏安全感。因此，父母之间存在的矛盾再尖锐，也不要在孩子面前大吵大闹，更不要在孩子面前大打出手。

苏亚下班后，匆匆忙忙地去接了儿子回家。在回家的路上，她顺路买了菜，回家之后，赶快放下书包，照顾儿子喝水，然后让儿子写作业，自己则开始在房间里忙碌，一会儿要看看儿子的功课，一会儿去厨房看看饭菜。好不容易饭做好了，她还要给儿子洗衣服，忙活了大半天了，还是不见丈夫回家。她打电话给丈夫，但是手机打通了却没人接。

丈夫是搞销售的，平日里要见客户，她心想丈夫一定又在忙着工作，虽然心里很生气，但是也没办法。已经七点多了，儿子叫嚷着饿，苏亚便先和儿子一起吃饭了。当两个人快吃完饭的时候，门铃响了，打开门是丈夫回来了。他一脸的疲惫，苏亚还在为刚才没打通电话的事情不高兴，见丈夫回来了，也没说话，只是开了门，回到座位上继续陪儿子吃饭。丈夫看到苏亚没有等自己，竟然已经开始吃饭了，心里也很不痛快。

此时，他坐下也开始吃饭，两个人各吃各的，都不说话。苏亚心想自己忙活了半天，回来之后又要接孩子，又要做饭，为什么丈夫不能够帮自己做点呢，哪怕按时间回家看着孩子也行啊。而丈夫此时也憋不住了，生气地说道："我在外面这么累，你连吃饭也不等着我。"

苏亚听了心里更是不舒服，说道：“我给你打电话也打不通，你看看你手机我打了几次。”“你还说打电话呢，当时我正和一个重要的客户在一起，电话不停地响，差点影响到我谈业务。”丈夫显然生气了，苏亚根本不管那么多继续说道：“我给你打电话还打错了啊，你想想你一个星期关心过儿子几次，你接过儿子几次，你工作忙，难道我闲着了吗？”

显然两个人说话的声音越来越大，丈夫不甘示弱：“我这么忙是为了什么啊，难道我是为了让别人好过点啊，我还不是为了多赚点钱，让你们母子好过点啊。”苏亚更是生气，说道：“那你赚到钱了吗？工资不还是那么多，天天就知道见客户、喝酒吃饭……”

苏亚和丈夫开始了吵架，在一旁的儿子吓得连饭都不敢再吃了。第二天苏亚送孩子去学校，晚上接孩子的时候，老师告诉苏亚说：“你儿子今天一天心不在焉，中午午睡的时候还做梦吓哭了，问他怎么了，他就是不说。你们家是不是发生了什么事情影响到孩子了。”当老师说了这些之后，苏亚才回想起来，可能是昨天和丈夫吵架的事情吓到了孩子。

孩子就是孩子，他们的内心要比大人的内心脆弱得多。父母可能在吵完架两个小时的时间内就能稳定自己的情绪，但是孩子的内心十分敏感和脆弱，或许父母的吵架会给孩子造成长时间的心理阴影和障碍。争吵会在无意间伤害到孩子的内心，就如同苏亚和丈夫因为一点小事情吵架之后，直接影响的是孩子的情绪，孩子在上学的时候表现出恐惧，内心容易受到惊吓，这无疑就是父母吵架的后遗症。作为父母，应该时刻考虑到自己的行为会影响到孩子的内心，如果是已经产生了不良影响，那么就应该及时地去弥补和想出对策，缓解孩子的恐慌和紧张。

心理学研究者认为，父母是孩子最好的榜样，孩子天生具有模仿力。家庭中，夫妻意见不统一，甚至发生争吵都是十分正常的，但是切忌当着孩子的面发生争吵。当着孩子的面吵架，不仅会对孩子的情

绪和个性产生危害性的影响，更会让孩子产生模仿的心态，这对孩子以后的人生观会产生很不利的影响。总之，父母应尽量避免在孩子面前争执，如果偶尔出现了争执，那么一定要注意到孩子的情绪，给予及时的安慰和开解。

谨防“隔代娇惯”把孩子宠坏

有一幅漫画：孩子做了坏事，爸爸拿着鞋底子追着，要教训孩子；爷爷亦拿着鞋底子紧跟其后，要教训孩子的爸爸。漫画刻画得入木三分，叫人看后拍案叫绝。

还有这样几个实例：

其一，小姨子家的孩子爱吃零食，因而不好好吃饭，饭菜都端上桌子了还在那儿磨磨蹭蹭东游西逛，妹夫决定治一治孩子的这个毛病，并采取相应的措施限制他吃零食。这时孩子爷爷说话了：“别人家孩子都吃，为啥不让我大孙子吃？你爸舍不得给你花钱，爷爷这儿有。”当孩子吵着要吃零食时，爷爷二话不说就去给买了一大堆。妹夫在说这件事时，一脸的无奈之色。

其二，弟弟让看了两个多小时电视的孩子关上电视写作业，孩子冲着他没好气地骂了一句，弟弟严厉批评孩子没教养，我们家老太太却在一旁说话了：“别说了，他比你小时候聪明，你这么大时还不会骂人呢！”

有个朋友，孩子刚上幼儿园，死活不愿意去，每天早上真是能拖

就拖啊，送他去上学真要费好大的力气。爷爷奶奶心疼孙子，就不让孩子去，说自己看孩子，比幼儿园还周到呢。朋友责问父母 :“你能教他知识吗？你懂得拼音吗？”结果惹得俩老人非常不高兴。但最后，无论孩子怎么哭闹，不管他要什么伎俩一拖再拖，爸妈还是坚持把孩子送到了幼儿园。而有些父母，因为孩子哭闹，爷爷奶奶反对，就没有送孩子上幼儿园，乃至学前班都没有上。结果，上了一年级之后，孩子不会学习，不知道团结，没有跟小朋友的交往能力。到这时，爷爷奶奶和爸爸妈妈都傻眼了。

诸如此类，屡见不鲜。在当今家庭，有不少儿童从小是被寄养在长辈家中的，因此与祖父母、外祖父母关系密切，而与父母相对要疏远一些，甚至有些祖辈与孙子们，在某种程度上还成了互相间的精神寄托。这种祖辈对孙辈超乎对子辈的感情，俗称“隔代亲”。老人对孙辈的疼爱，大大超过父母对子女的疼爱，仅用血缘关系解释还不够，其中还有心理上的原因。孙辈犹如日之东升，祖辈恰如夕阳的余晖，他们之间有相同性，更有互补性。俗话说“老小孩”、“小大人”，就是说这隔代人相同之处 ；祖孙在一起，幼者受到爱抚，长者得到欢乐，他们之间互相补充了中间一代人由于工作家务繁忙而留下的时间空间的空白及遗缺，这就是形成隔代亲的一个重要原因，由于年龄的关系，父子辈在生活观念等问题上更多地具有自己的主张而易产生隔阂、矛盾，甚至冲突 ；而祖孙辈之间则互不设防，所以更易亲近，这无疑也是形成隔代亲的重要因素。

有人认为，“隔代亲”有三大优点 ：一是对孙辈的发育成长有利，很多“神童”就是得到了知识经验丰富的祖辈的超前引导才脱颖而出的 ；二是对子辈有利，子辈忙于工作，孩子由祖辈接去教养，得以解除后顾之忧，专心于事业 ；三是对祖辈有利，不仅可以解除孤寂，从孩子的成长中获得生命活力，还可为老有所为、发挥余热提供机会。这种与孙辈玩耍游戏的天伦之乐对帮助老人保持健康和积极向上的心态大有裨益，“隔代亲”的优越性尽管不少，但也带来了很多不利于儿童健康与成才的“隐患”。

其中对孩子影响最大的，就是教育观念的不统一，彼此间沟通配合较少，导致在教育孩子方面形成漏洞，其后果是孩子很容易钻管理和教育的空子。因此两代人育儿应该统一要求，不能各行其是。如果爸爸妈妈对孩子要求严格而爷爷奶奶放纵，孩子会当面一套背后一套地耍小聪明，无法形成规律的习惯。

事实上，只有全体家庭成员坚持一致的标准要求，日积月累透过潜移默化的影响，孩子的行为意识才能“定型”。那时孩子会认为他做的是自然而然的事情，会主动地去做，慢慢形成了习惯。反之，如果爸爸妈妈和爷爷奶奶之间的教育存在分歧，一方面孩子会感到无所适从；一方面他们会觉得自己有所依仗，因而随性而为不肯按爸爸妈妈的要求做事，当爸爸妈妈的态度严厉时，他们又会感到被压制、强迫，更不愿意去做，自然很难形成积极主动的习惯。

理解并倾听孩子，跨越亲子代沟

父母和子女最常出现的问题便是“代沟”。由于父母和子女所生长的背景以及教育程度不尽相同，因此，或多或少都会有些差距，既然

差距不能避免，为何不去适应彼此的差距，喜欢这样的差距，然后接纳差距呢?

所以，当父母与孩子出现代沟时，应具备如下的看法：

1. 代沟不是坏事，反而代表一种进步，只有在进步的社会中才会有这种现象。

2. 青少年在这段时期应完成的使命便是“建立自我”“完善自我”。所以，当子女和父母意见不同，表示他开始有一套自我的想法，只要有道理，父母都应该帮助他建立正确的价值观。

3. 或许子女现在的意见与父母不同，但不表示永远不相同，等到他成熟起来，或为人父母时，就会体会到你的苦心。

如果我们把“代沟”看成是一种良性的冲突，有助于亲子之间的了解，则不失为增进彼此关系的妙方。

我们接触过一些美国教师的家庭，他们父母子女间善于交流思想，讨论问题。这一点很值得国人学习。同时，我们深感父母应该多学会一些说理工作。

我们认为争执的原因就在于两代人之间缺少沟通，所以做孩子的知心朋友是对孩子发挥影响的首要条件。

一些父母认为，自己的孩子，自己生，自己养，每天生活在一起，还用了解吗？其实不然，孩子身上尤其是心理上每天悄悄发生的变化，如果不精心对待的话，父母并不能了解。

这是父母与孩子的天然差距所决定的。

父母与孩子的差距首先是由心理发展水平引起的。由于儿童的感觉、知觉、思维等尚未发展成熟，他们对外界的感觉与成人是不同的。比如同样是看电视剧《鲁西西的故事》，当鲁西西趴在床上哭时，成人看到“鲁西西受了委屈，很难过”，但一个 4 岁孩子“看到”的却是

“鲁西西不是好孩子，她穿鞋上床”。

有关儿童心理学的书籍里有充分的理论根据说明，成人与儿童的心理发展水平有多大的差距。

其次，两代人的知识差距、生活经验的差距以及对新技术适应能力的差距等都有可能造成代际隔阂。

作为父母，你也许会无奈地发现，自己在孩子面前的权威性下降了，孩子“人不大，心不小”，样子还挺张狂。这是今天许多父母都曾碰到的难题。退回几十年前，父母对孩子几乎有绝对的权威性。他们喜欢说：“我过的桥比你走的路都多。”

在今天，你敢说你比孩子知道得多吗？信息化社会动摇了长辈的权威地位。情况不仅仅如此，计算机时代是成人与孩子同步进入的，而孩子往往比大人掌握得更快，知道得更多，至少在这个领域父母开始失去自己的权威。

至于说到孩子的张狂，假如你的孩子在10至20岁之间，完全是正常现象。10至20岁是国际学术界认定的青春期。

心理学家发现，孩子在10岁之前是对父母的崇拜期，20岁之前是对父母的轻视期，30岁之前又变为对父母的理解期，40岁之前则是对父母的深爱期，直到50岁才真正了解自己的父母。

因此，10至20岁之间是代际冲突最为激烈的时期。从儿童期进入青春期的少年阶段，孩子最重要的心理现象是“自我意识”的强化。他们渴望独立又屡屡失败，常以苛刻甚至挑衅的目光审视父母和社会。但是，代际冲突具有不可估量的积极意义，它是社会前进的基本形式之一。

当然，父母的权威主要来自人格的魅力，而不是知识。不过，如何对待新知识和新信息，尤其是如何对待走向新世纪的下一代，往往成为

两代人能否和谐相处的关键。当你不接纳下一代时，两代人的关系极容易雪上加霜，而当你接纳下一代时，两代人都会生机勃勃、富有活力。

总之，作为成熟的父母，应当是善于与孩子沟通的，即善于发现孩子在想什么在干什么。当孩子做出一些成人难以理解的事情时，父母不应当即质问或训斥，而应平心静气地思考一下：孩子的行为是否有合理性？如果缺乏合理性，又是为什么？经过这样的思考，父母就更容易了解孩子，而了解孩子恰恰是教育的成功之道。

不少父母都会遇到这样的问题：与孩子沟通为什么那样难呢？

儿童教育专家为父母提出以下方法：

1. 设身处地为孩子着想，这是父母与孩子良好沟通的第一步

父母也是人，我们自己是不是也希望别人能够明白我们内心的感受，希望得到别人的帮助呢？孩子也是人，他们也同样希望别人明白自己内心的感受，也希望得到别人的帮助。

2. 倾听是父母与孩子有效沟通的最佳策略

如果父母愿意倾听孩子的心声，理解他们的意见或情绪，这实际上就是对孩子的尊重。父母要做到真正倾听孩子的心声，应该注意：

（1）和孩子交谈的时候要暂时放下手上的事情，专心地交谈。只有这样，孩子才会感受到父母的爱心。

（2）父母要清楚倾听的目的。倾听就是要真正了解孩子的思想和感受，所以，父母要让孩子把自己的心事说出来。对此，父母应该表示理解而不是要批评。

（3）父母要认真体会是不是听到了孩子的心声，孩子对自己是不是没有保留了。

（4）父母要帮助孩子更深入、更具体地去面对这些问题。

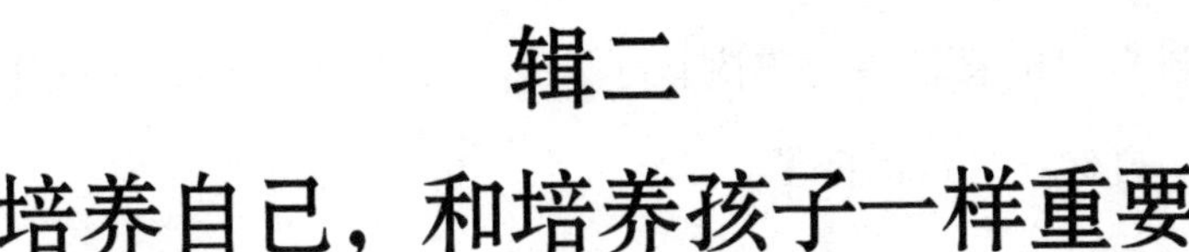

辑二
培养自己，和培养孩子一样重要

我们应该把培养自己看得和培养孩子一样重要。在期待孩子具备任何能力之前，家长得先深刻体会或学习那种能力，在培养出一个德才兼备的孩子之前，得先做一个德才兼备的家长。

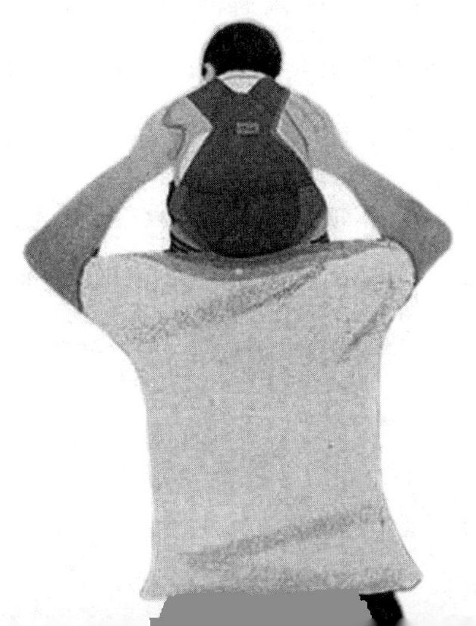

你给了坏影响，自己却不知道

孔子曾说过：“其身正不令而行，其身不正虽令不从。”把这种观点应用到儿童教育中就是，要想塑造孩子的人格，父母就先要严谨自律，通过自己的良言善行熏陶孩子，这样父母根本不必对孩子进行说教，孩子自然就品行优良了。

有这样一个故事：有一位父亲年纪大了，身体极其虚弱，生活难以自理。于是，就搬去与儿子、儿媳及5岁的小孙子同住。由于中风留下的后遗症，老人的手经常不由自主地颤抖，且步履蹒跚。

刚开始，全家人坐在同一张桌子上用餐。可是很快地，儿子儿媳就发现上了年纪的老父亲摇晃着的手与衰弱的视力使他无法顺利进餐。比方说，米饭会经常从父亲拿着的汤匙上抖落下来；当他握着杯子时，牛奶会泼到桌布上。儿子儿媳终于忍不住了，开始对老人白眼相加，有一天，儿子甚至因为老人弄翻饭碗而呵斥老人。

没过多久，夫妇俩就在墙角设置了一张小饭桌。在那个角落，父亲一人孤独地吃着饭，家中其他成员则在另一边享受着美食。再后来，当父亲打破了两个碟子后，他的食物就被盛在一个木碗里面——饭和菜被拌在一起。有时，当家人偶尔朝那边瞥一眼时，他们会发现，老人的眼里含着泪。他显得那么孤独和无奈。然而，这对夫妇所能够给

予老人的唯一话语仍旧是警告他不要弄翻食物。

这一切，5 岁的孩子都默默地看在眼里，记在心里。一天，晚饭前，孩子在地板上用小刀削小木块。父亲看见了，觉得好奇，就走过去，柔声问道："你在做什么呀？"也许是被父亲特别的语调所感染，孩子回答道："哦，我在做木碗，等我长大以后好拿来给你们用。"5 岁的孩子说完了，仍旧微笑着削他的小木块。

父母一下子呆在了那里，一句话也说不出来，眼泪大滴大滴地从面颊上滚落。虽然都没有说什么，他们却都知道了该怎么做。那晚，丈夫小心地扶着老父亲的手，将他带到饭桌上，从此后，无论是丈夫还是妻子，都没有再在意诸如菜掉到桌上、牛奶泼出来，或者桌布被弄脏了之类的事了。

父母的所作所为在很多方面对孩子有着潜移默化的影响，父母的价值观和处世原则往往会通过自己的行为根植于孩子的心中，成为孩子将来人生中的一部分。因此家长如果想塑造孩子的人格，就必须先以自己的人格感召孩子，让孩子在长期的耳濡目染中，受到熏陶，获得好的影响。

要熏陶孩子，家长先要严格要求自己。比如父母要求孩子学习，自己却不看书，说一套做一套；如果父母教育孩子要爱学习，讲道德，守纪律，求上进，自己却不学无术，成日沉溺于"方城"之中，即使再苦口婆心，孩子也很难接受。

喊破嗓子，不如做个样子

如果你希望孩子品行优秀，那么就应以身作则，给孩子一个良好的示范。事实证明，以身作则比给孩子讲道理要有效得多。因为没有判断力的孩子很难理解你的长篇大论，但却会积极模仿你的行为。

有一天，一个年轻的妈妈去接7岁的儿子放学。在公共汽车上，一个身材魁梧的胡子青年莽撞地挤进了车厢，妈妈他被撞到了一边。

儿子马上冲过去拉住妈妈，并关切地问："妈妈，你没事吧？"同时，他恼怒地看了那位青年一眼，喊了一句："太可恨了！你怎么这么无礼？"

年轻的妈妈连忙喝止儿子，说道："可不能这么说，这位叔叔不是故意的。"这时，那位青年也不好意思地连连向她道歉。儿子听到这些，惭愧地低下了头。

过了几天，妈妈来到学校，准备接儿子回家，结果发现儿子的走路姿势很不自然，挽起他的裤子一看，膝盖破了一块皮，血还在流呢。妈妈心疼极了，赶快找来一些纱布，将他的伤口包好。然后就去问老师这是怎么回事，老师也很奇怪，因为她既没有看到他来报告，也没有听到他哭过。仔细一问才知道，原来他是课间时被同学碰倒摔伤的。

妈妈不解地问：“为什么不告诉老师呢？”

他笑着说道：“妈妈，小朋友不是有意弄伤我的呀！为这事，他已经深感不安了，如果我再去告诉老师，他会更加自责的。”

妈妈听了非常高兴，她摸着儿子的头说：“好孩子，你已经学会了谅解别人。”

年幼的孩子缺少辨别是非的能力，他们总是无意识地模仿父母的行为。父母是孩子的领路人，父母的言行举止无论好坏都会被孩子不自觉地效仿。好的行为被效仿，当然很好，但坏的习惯被效仿了，改变起来是很难的。因此，父母的言行举止一定要起到表率作用，这样才不至于把孩子引向歧途。

这位年轻的妈妈就给她的儿子做出了一个很好的榜样，因为她在孩子面前做出了谅解别人的示范，所以当儿子碰到类似的情况时，他也会注意体谅别人，和妈妈一样明白事理。

因此，生活中我们不妨多运用样板计来教育孩子，当孩子行为出现偏差时，父母就要给孩子一个好的示范，帮孩子纠正不当行为。

小磊是个 8 岁的孩子，在家里深得父母的宠爱。不过妈妈虽然宠爱他，却从不娇惯他。有一天，妈妈去接小磊时，听老师说孩子在学校表现得有点自私，总是只顾自己，不管别人，更不喜欢帮助同学。这让妈妈很是忧虑，她决心好好教育孩子。

小磊家住在一座家属楼里，同楼层住着好几户人家，他们共用着楼道、厕所和厨房，因此打扫这些地方的卫生成了大家共同的事。从那天起妈妈经常主动地打扫楼道、厨房、厕所的卫生，还特意买了刷子、纸篓等东西，毫无怨言。

有一天，小磊又看见妈妈在打扫那些地方的卫生，就对她说：“妈

妈，您真傻。自己掏钱买刷子、纸篓，让大家公用，还经常倒纸篓、扫楼道。这些别人都没干，您为什么那么积极呢？”妈妈趁机教育儿子说：“为大家服务是应该的！”小磊没再说话，可表情还是有些不服气。

有一天晚上，小磊待在家里写作业，写着写着钢笔没有墨水了。他在家里找了一会儿，发现墨水已经用完了。此时天色已晚，商店早就关门了，怎么办呢？作业还没写完呢！小磊焦急地望着妈妈，妈妈也感到无可奈何。正好住在隔壁的许阿姨来串门，知道小磊要用墨水，就立刻说：“墨水用完了吗？哦，不要着急，我家有。”说完，她赶忙走了出去，不一会儿，她拿来了一瓶墨水，笑着对他们说：“这墨水你们先用着，等我们要用的时候再来拿。”于是，她放下那瓶墨水就走了。妈妈和小磊连忙道谢。

妈妈认为这是教育小磊的好机会，于是她故意对小磊说：“这个许阿姨真是太傻了，将墨水送给了别人，她能够得到什么好处呢？”听了妈妈的话，小磊愣住了，似乎一下子明白了什么道理，忙说：“妈妈，阿姨是好人，这叫互相帮助。”

妈妈见小磊渐渐明白了其中的道理，非常高兴，又乘机说：“小磊，你说得对，许阿姨身体不是很好，而且工作忙，每天早出晚归，非常辛苦；李阿姨家有个3岁的孩子，每天都忙得不可开交；赵奶奶年纪大了，儿女都在外地，没人照顾。远亲不如近邻，谁家有难处，我们应该伸出援助之手，尽量帮助他，而不能在一些小事上计较太多。”

听了妈妈的话，小磊惭愧地低下了头，红着脸说：“妈妈，我错了，我以前太自私了，请您原谅。我以后一定要多帮助同学，决不让您失望。”

从那以后，小磊真的变了，经常帮大家做一些力所能及的事。

小磊的妈妈教育孩子就很有一套，当她意识到孩子的行为偏差后，并没有严词责怪，也没有简单地教训孩子，而是以身作则，用自己的行动去影响孩子、教育孩子，给孩子树立正确的榜样，这样既简单又有效地纠正了孩子的错误。

俗话说："喊破嗓子，不如做个样子。"这完全可以用来比喻父母对孩子的身教。在这个世界上，孩子通过模仿而学习，他们的第一个模仿对象正是父母。孩子是父母的一面镜子，每位父母都可以从孩子身上看到自己的影子。因此，家长要求孩子相信的，自己必须相信；要求孩子做到的，自己必须身体力行；要求孩子全面发展，自己先要活到老、学到老；要求孩子少年早立志，自己的人生不能没有奋斗目标。我们很难想象，一位终日喝酒、打牌、"筑长城"的父亲，或一位每天把大量时间花在穿戴打扮、逛商场上的母亲能给孩子做出勤奋学习的榜样；我们也很难想象，一对连自己父母都不愿赡养的爹妈能教会孩子关心和爱；我们同样很难想象，整天琢磨怎样占人便宜的父母能培养出孩子健全的社会属性……为了孩子检点自己的言行，为了孩子提高自身的修养，为了孩子以更加积极的态度对待生活，为了孩子努力去拓展自己有价值的人生，让孩子在自己身边学会做人，父母必须先修正自身，给孩子一个良好的榜样。

注意！孩子一直在看着你

孩子往往缺少辨别是非的能力，他们总是在无意识地模仿父母的行为，无论是好的还是坏的。因此，为人父母者一定要注意自己的一言一行，因为孩子正看着你呢。如果你希望孩子成为一个品德高尚的人，那就为他做出一个表率吧！

秋收的时候，一个心术不正的人，打算悄悄跑到别人家的田地中偷一些豆子。“如果我从每块田中偷一点儿，谁也不会察觉到的。”他心想，“但是如果是这样的话，加起来数目可就非常可观了。”于是，一天晚上，他就带着6岁的儿子去偷豆子。

到了田里后，他压低声音说道：“孩子，你得给爸爸站岗，如果有人来就赶快告诉我。”

然后这人就手脚麻利地开始偷豆子。不一会儿，就听到儿子喊道：“爸爸，有人看到你了！”

这人一听，吓了一大跳，马上紧张地向四周看了看，但是一个人也没有看到，于是他把偷来的豆子放进袋子里，走进了第二块豆地。

没想到刚偷了一会儿，儿子又大声喊道：“爸爸，有人看到你了！”

这人又一次停下手中的活儿，向四周望了一下，但还是什么人也没有看到。于是他又低头干了起来。

“爸爸，有人看到你了！”儿子又叫了起来。

这人停止收割，向四下看去，可是仍然连一个人影都没有看到。他十分生气，责问儿子道：“你为什么总是说有人看到我了？你太调皮了，不帮忙还捣乱。”

“爸爸，”那孩子委屈地说，“我不是人吗？我看到你了呀！”

不要认为自己是自己，孩子是孩子，其实，孩子是父母的影子，在实施家庭教育的同时，家长要让孩子自信乐观，自己就要自信乐观，父母要让孩子诚实，自己就要诚实，如此才能真正做到以身作则。

家长们往往很难意识到自己才是孩子最重要的榜样。一项针对幼儿的心理调查显示，53% 的孩子有自己认同的对象，而其中 78% 的孩子以自己父母为认同的对象。看到这里，不知各位家长心里有什么感受呢？请记住，如果你希望孩子具备为人称道的品质，那么就要先规范自己的言行，为孩子树立可资仿效的榜样。

父母是孩子最初的模仿对象，家庭是孩子的第一课堂，父母是孩子的第一任老师。孩子从父母那里学会的行为习惯和处世态度，对其一生的发展将产生极大的影响。父母的品质、人格，对孩子有潜移默化的影响作用，会影响孩子今后的成长。如果父母的行为榜样出现了偏差，孩子的思想行为就会出现偏差。而这种偏差将会使孩子养成坏习惯，从而也使他失去社会性人格的发展机会。

父母是孩子的第一任老师，一言一行都会成为孩子行为的参考和示范。因此家长们要规范自己的言行，不断提醒自己：孩子正看着我呢！

做孩子心中值得骄傲的父母

在一个家庭之中，如果说男孩的成长是从模仿父亲开始的话，那么，女孩最容易模仿的对象就是母亲。父母的人生观、价值观，待人接物的方式，举止风度，都将给孩子留下深刻的印象，当他们成年以后，父母的影响就会在他们身上开花结果。

赵小兰随同家人来到美国一年后，入境随俗，也想举办一次自己的生日派对。她跟妈妈讲了这个愿望。妈妈表示完全赞成，并亲手做了奶油蛋糕，准备了生日蜡烛和晚会帽子，希望自己的女儿能同美国的孩子一样，热热闹闹地做一次接受别人祝贺的小女主人公。

许多邀请请柬发出去了，期盼着客人们的到来。不料，生日派对那天晚上，望眼欲穿，只有两个同学来了，赵小兰的心情跌到了谷底，眼泪都快掉下来了。

妈妈的心灵感受到了女儿的失落，却不动声色，照样举办生日派对，照样切蛋糕，照样唱生日快乐歌。母爱并不是一个模式的，赵小兰的母亲爱女儿，用自己的言行，向没有成熟的孩子灌输了处变不惊、不卑不亢、自尊自重的生活方式。母亲让孩子爱惜自己，尊重自己，保持尊严。让孩子保持自己的价值观。知道要为更美好的事物奋斗。因此，面对其他人时，孩子不会示弱，会自重、言行得体，不做让自

己感到难堪的事情。好的父母会让孩子清楚地懂得，我们来自一个有教养的家庭，要仪态端庄，举止正确。

孩子是否以自己的父母为荣，父母身上是否有足够的精神营养供孩子汲取，这些都是重要问题。那些以父母为荣的孩子，更容易建立起较高水平的自尊，并对自己产生较高的自我预期。

对于家长来说，教养儿女的过程，也是一个自我教育的过程，孩子模仿父母，我们不能禁止孩子们模仿；相反，我们应该让自己值得模仿，哪怕是我们行为中最微不足道的细节。小吴是一位很有才华的女性，在一家广告公司做文案工作，她有一个5岁的小女儿，一家三口，生活得很幸福。大学时代的自由生活，使她养成了不拘小节的习惯。说话直接尖刻，从不顾及别人的面子，在日常生活中，不按时吃饭、通宵熬夜的事儿也时常发生。老公提醒过她多次，可小吴当时答应得挺好，一转身就又忘记了，继续我行我素。

在女儿上幼儿园大班时发生的一件小事，使小吴彻底改变了自己。

在一次家长会上，老师告诉小吴："你的女儿很可爱，非常聪明，老师教什么东西她差不多都是第一个学会。但是她和小朋友们相处时不太合群，昨天一个小朋友要和她一起玩拼图，她竟然说'这不是笨人玩的游戏，你醒醒吧'。"小吴惊出了一身冷汗，天啊，这不是自己的口头禅吗？先生提醒过多次，可就是改不了。女儿这么小就目中无人，长大后不在社会上碰壁才怪，等她性格定型之后，再矫正肯定是事倍功半，看来从现在开始，就应该注意要在对女儿的教育上下功夫了。

小吴知道女儿的一些小毛病，都是从自己身上学来的，要教导女儿，首先自己要改过。否则，不光影响自己的个人形象，还将影响到

女儿的一生。

从此以后，只要女儿在身边，小吴就格外注意自己的言行举止，说话轻声细语，对先生和女儿坚持“多称赞，不挖苦”，每天吃过晚饭后，一家人在小区周围散会儿步，回家看看电视，看看书，安排女儿睡觉后，自己也按时休息。一开始时，小吴总是有意识地控制自己，但时间长了，自然形成了新的习惯，不仅仅是做给女儿看了。单位里新来的大学生，还总是赞叹“吴姐做人宽容体贴”呢！更重要的是，女儿在上小学的时候，不知不觉地，已经变成了一个文静可爱，乐于助人的小姑娘，有规律的作息生活，更给了她一个健康的身体。

孩子模仿父母，最初并不会鉴别分辨。父母希望孩子学的，他会模仿；不希望他学的，他照样会模仿。这时候，父母仅仅是在口头上禁止是没有效果的，自己都做不到的事，如何还能要求孩子做到？我国著名的教育家朱庆澜先生曾经明确指出：“无论是什么教育，教育人要将自身做个样子给孩子看，不能以为只凭一张口，随便说个道理，孩子就会相信。”如果希望自己的孩子品学兼优，首先，爸爸妈妈要做出表率来。

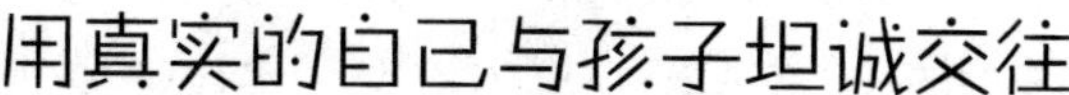

父母是孩子的第一任老师，也是孩子最亲近的人，父母对孩子的影响是非常巨大的。不过，父母却常抱怨自己很难和孩子沟通，其实不是孩子难沟通，而是父母的要求是不公平的：他们要求了解孩子的内心世界，但却不愿意向孩子敞开自己的心扉。教育学家认为，如果父母能够多向孩子袒露真实的自己，那么孩子一定会被父母打动，实现良好的亲子沟通。

一些父母在与孩子交流时会说："你到底怎么想的？你为什么要这样做？"或者干脆说，"不要那样做，听我的不会错！"事实上，父母们这类的说教往往不能让孩子接受，他们会想："你们高高在上，只懂得对我说教，你根本就不理解我！"父母们应该明白，这种单向的交流，单向的沟通是不够的，父母们也应当向孩子敞开心扉，让孩子知道你的所想所感，只有这些真挚的东西才能教育孩子，让孩子乐于接受。

想要感化孩子，就要让孩子看到你真实的一面，因此父母们不妨试试以下两招：

1. 把你的喜怒哀乐表现出来

一些父母总是习惯在孩子面前藏起自己的情绪，其实这样做反而

会和孩子产生距离感，如果父母能把真实的自己呈现给孩子，那么，孩子一定会更愿意接受你的教导。

孩子遇到烦恼、失败与挫折，或者与父母发生矛盾时，父母不妨利用这个机会，坦诚地将自己的喜、怒、哀、乐等种种情绪倾诉出来。

有一个孩子读书不用功，甚至连作业也不愿做，妈妈无论责备或鼓励，都是徒劳。孩子总是将妈妈的话当作耳边风，每日放学回家，不是躺在床上睡觉，便是玩游戏机。

一天，妈妈又是苦口婆心地劝孩子专心做作业，孩子仍然是一边做，一边玩。妈妈看见孩子爱理不理的态度，愈劝愈气愤，愈想愈伤心，不禁掉下眼泪，无奈地对孩子说："是妈妈不好，妈妈没有用，妈妈以后不会再对你唠唠叨叨了。"然后她默默地返回自己的房间。

想不到孩子听到妈妈这番发自内心的话后，反而感动了，走到妈妈的房间，摇着妈妈的手说：

"妈妈不要再哭了，我错了，我以后会很用功地读书，不会再让妈妈伤心了。"

有时用这种表现内心难过的真挚态度教育孩子，比说教或责骂会来得更有效。

和孩子交心，就得让他知道，孩子的喜怒哀乐也就是妈妈的喜怒哀乐，这一点在亲子沟通中是不容忽视的。

2. 跟孩子谈谈自己的经历

父母不必刻意呈现出最好的一面，也可以将自己失败和挫折的经历向孩子坦言相告：自己曾有过什么抱负、梦想与目标，曾经因为自己所犯的错误而付出过多少代价，怎样由许多失败、痛苦，而累积到经验，终于走向成功的道路，等等，这一切的一切都可以向孩子尽情

倾诉。

有一位父亲，幼年时代家境清贫，最后凭自己的努力完成了大学课程，成为一个出色的医生，他这样对孩子讲述自己的奋斗史：

“爸爸中学毕业后没有机会再继续读高中，只有一边工作，一边自学，有时假日和晚上的睡眠时间也要用来温习功课。爸爸还要储备一笔生活费给家里人，然后辞去工作，专心应付考试，最后才读上了大学。”

孩子很专注地听了父亲的经历，并从中受到了深深的触动。

总之，沟通应该是相互的，不要以为把自己的见解和要求说给孩子就是沟通，你还应该让孩子更多地了解你。

向孩子敞开心扉，多谈谈自己的梦想、成功和失败，这样做不会降低你身为父母的威严，只会让孩子更尊敬你，更爱戴你。

孩子犯错时，试试反省你自己

当孩子的行为出现了差错时，父母们最常做的是责备孩子，严厉地管教孩子。然而事实证明，这样做的教育效果并不好，有的孩子被父母责骂过后，能在短时间内收敛一下自己的行为，而一些孩子根本就不在乎父母的责骂，把父母的说教都当成了耳边风。因此父母们不妨换个教育方法，对孩子动之以情，不要一味指责孩子，也要反省反

省自己，这样反而会打动孩子。

小东又挨骂了，因为他考试不及格，不敢让爸爸签名，于是就自己模仿爸爸的笔迹，伪造了签名，不过没有瞒过老师，被发现了。爸爸气极了，足足骂了小东半个多小时，小东垂着头一言不发地听着，最后连连向爸爸保证："爸爸，我错了！我一定改。"看着小东一脸的悔悟，爸爸叹了口气，这孩子已经不是第一次这样向他保证了。

生活中，有许多父母为纠正孩子的缺点，总是先情绪激昂没完没了地责备孩子。有的父母最初怕"不骂就不知悔改"而责备，后来因"打不听，骂不灵"而苦恼，最后又认为"不可救药"而放弃不管了。

有的父母认为：处于逆反期的孩子，难以对付。其实人本来就没有什么逆反期，但因孩子具有旺盛的生命力，若不给予正确的引导，就会以"逆反"的形式表现出来。因此说，"逆反期"不是自然形成的，而是由父母培植起来的。

如果父母总责骂孩子，任何孩子都会产生反抗心理。正如能力法则所认为的那样，若给孩子以反复的刺激，就会使孩子逐渐形成"逆反"的能力。这就像是常用一种药物，人体就会迅速产生抗药性，不久这种药就会对病毒完全不起作用。同样，对孩子越是一味地责备，其反抗心理就越强，最终父母还是以屈服于孩子而告终。

既然如此，何不换一种方法教育孩子呢？教育学家建议父母尝试一下"感化计"，以情动之。比如，在孩子犯错误时，不要只责备孩子，而是多反省一下自己，这样才能让孩子自我醒悟，达到教育的目的。

克里斯 18 岁了，刚拿到驾照。

一天早上，父亲要克里斯开车送他到离家较远的市区去办事。克里斯非常高兴地答应了，因为他不但可以开车，正好还可以转一圈。

他开车把父亲送到目的地，约定下午2点30分再来接他，然后就去看摇滚演唱会了，等最后一首歌唱完的时候，已经是下午4点了。这时，他才想起与父亲的约定！

当克里斯把车开到预先约定的地点时，看见父亲正孤独地站在路口。克里斯心里暗想，如果父亲知道自己因为看演唱会而不守信用，一定会非常生气。

克里斯低着头走了过去，先是向父亲道歉，然后撒谎说，他也想早点过来，但是车的引擎出了一点儿毛病，需要修理，维修站的工人们花了一个多小时的时间才修好。

听完儿子的话，父亲看了他一眼，说："克里斯，你觉得有必要对我撒谎吗？"

"什么？不！我说的都是实话。"克里斯争辩道。

父亲再一次看了看儿子，"当你在约定的时间没有到来时，我就给维修站打了电话，他们告诉我你没有去。所以，你的车子根本就没有出毛病。"听了父亲的话，克里斯羞得满脸通红，他低着头向父亲承认了看演唱会的事实。父亲认真地听着，脸色变得更加难看。"我现在不是生你的气，而是生我自己的气。我觉得自己很失败，因为我养了一个说谎的儿子。我现在要从这里走回去，好好反省一下我这些年来做的错事。"

克里斯的道歉并没有使父亲改变主意。

父亲开始沿着尘土飞扬的道路行走，克里斯迅速地跳上车跟在父亲后面。克里斯一路上都在忏悔，告诉父亲他是多么难过和抱歉，但父亲只顾着走路，根本就不理他。

17英里的路程，克里斯以每小时3英里的速度一直跟着父亲。

17英里的路程，看着父亲遭受肉体和情感上的双重折磨，这是克里斯生命中最难忘的一次经历。然而，这同样是生命中最成功的一次教育。自此以后，克里斯再也没有对父亲说过谎。

克里斯对父亲撒了谎，父亲是完全有理由狠狠地责骂他一顿的，可父亲却没有那样做，但他反省自己的行为，要比一万句责骂更有效。克里斯被感化了，因为这次经历，他一辈子都不会再想对父亲撒谎。

在劝导孩子时，我们常用的方法就是晓之以理，那么何不试试动之以情呢？冗长的说教只会让孩子产生“听觉疲劳”，不如以真情实感打动孩子、感化孩子，这样孩子才能真正地痛改前非。

当孩子做错事时，心里会有歉疚感，如果父母这时不责怪孩子而是反省自己，那么孩子一定会真正认识到错误，并改掉自己的坏习惯。

小心！你对孩子无意间的心理污染

在一个家庭中，如果父母或其中一方有心理不健康问题，就容易构成不健康的家庭氛围，形成特定的心理环境，并对其子女产生影响，从而对子女的心理造成污染。

1. 父母对孩子心理污染的主要表现

①认知方面的“心理污染”

父母心理不健康往往表现为认识混乱。比如歪曲现实，看法过于偏激，秉持错误的价值观、消极的人生观和世界观。父母这种不健康的思想观念和认知方式很容易对其子女的认识过程和思想观念产生污染。比如，有的父母“金钱万能”“利益至上”的错误思想对子女产生“污染”后，导致孩子在学校有不合理的行为。

②情绪方面的“心理污染”

父母心理不健康表现为对人对事不正常的态度和情感，甚至产生过度焦虑、敏感、多疑、担惊受怕、烦躁不安等情绪。这些不健康的情绪常常影响其子女的思想感情，随着时间的推移，有的子女在处理事情时就会不知不觉地与其父母具有“同感”或抱有同样的态度。

③性格方面的“心理污染”

父母心理不健康在性格上表现为对人粗暴，遇事爱发脾气，或表现出畏怯退缩、抑郁、孤独和过分软弱、怕事等。这种性格如果在家庭中经常处于主导地位，就会直接影响孩子性格的形成。

④社会品德方面的“心理污染”

父母心理不健康更多地反映在社会品德方面，表现为不诚实、造谣、偷窃、做事不择手段等。这些品德极易被那些缺乏辨别能力和难以抵挡诱惑的孩子所接受。例如，有的父母常从单位拿东西回家，还洋洋得意，结果成了子女捡到东西不还或进行偷窃活动的根源；有的父母在同事或领导面前说谎话，还自以为高明，而子女又模仿其办法欺骗父母和老师。

⑤生活习惯方面的“心理污染”

父母要有正确的世界观和价值观，正确处理个人与他人、社会的关系。同时，要形成良好的心境，心理上有轻松感和快乐感，从而减少心理冲突，避免各种“心理病变”。这样，就可以消除和避免对子女

的“心理污染”。

2. 保证孩子的心理健康

父母是孩子的第一任教师。良好的教育方法、良好和谐的家庭气氛对孩子的心理成长是十分重要的。

①1～2周岁的幼儿没有辨别事物对错的能力，因此父母要逐一地告诉孩子什么是对的，什么是错的，什么事情能做，什么事情不能做，要鼓励孩子去探索，做对的要给予言语的鼓励，做错的要讲明道理，让孩子知道错在哪里，从头再来，直到把事情做好为止。

②对孩子合理的要求要尽量去满足，对不合理的要求要讲明道理，坚决拒绝。一切顺从孩子的意愿、溺爱或粗暴苛求都会对孩子的心理发育产生不良影响。对幼儿耐心地讲道理是件十分有意义的事，幼儿虽然对父母讲的道理可能不甚明了，但长此以往，孩子就会逐步明白这些道理。遇事给孩子讲道理对培养孩子平和的心态很有好处，在孩子长大后，他也会以讲道理的方式去处理问题。

当然，很多父母一味纠正孩子外在的偏差行为，那只会导致与青少年子女的疏离。因此，当孩子们需要理解时，尤其在他们闹情绪时，父母更要理解他们、同情他们，真心诚意地去帮助他们，这样才能平息他们的情绪，收到好的效果。当然，施教要因人而异，不可千篇一律。

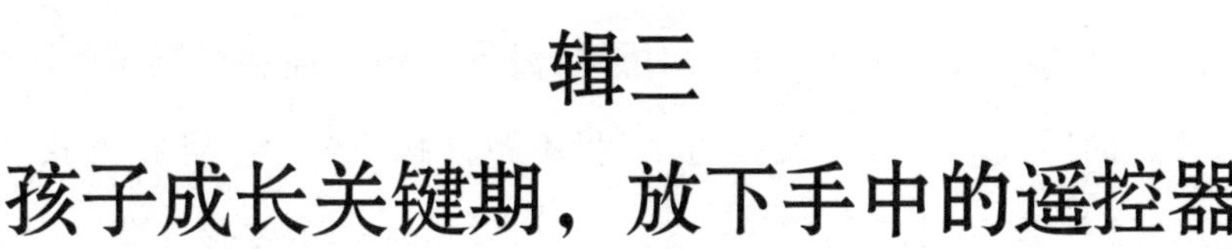

辑三

孩子成长关键期，放下手中的遥控器

“一味要求孩子顺从”模式教育出来的孩子，往往自卑感强，缺乏自尊、自信。好的教育，家长应该与孩子建立平等的沟通平台，尊重他们的想法，感受他们的心情。

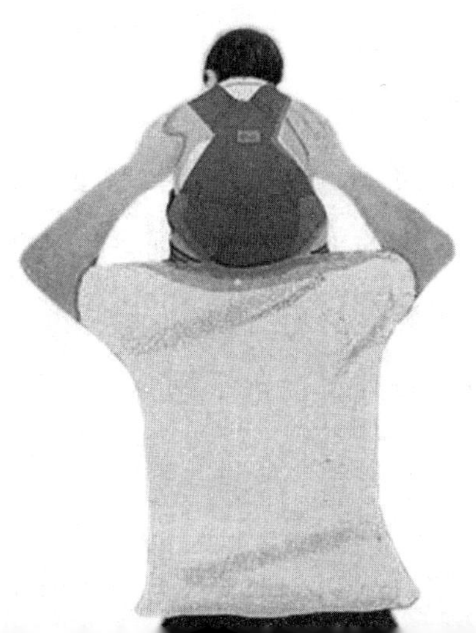

不要做“君主型”家长

一个小学生，只有 8 岁，父母要他学钢琴。每天下午放学，就必须先练一个小时钢琴，然后做功课。星期天更是得上一上午补习班，下午还要上教师家里学琴。孩子对弹琴没有兴趣，他看见钢琴就厌恶，几次想把钢琴毁掉，几次反抗道：“我不弹，我不要学。你打死我，我也弹不好！”但父母却不顾孩子的兴趣与反抗，一定要孩子学，“已经学了两年了，花了这么多钱，你应该争气，把琴学好！今后每天不弹熟练习曲，就不许出去玩儿！”

孩子无奈，为了断掉父母要他学琴的念头，有一天在放学回家时，他用石头砸断了自己的一根手指。

孩子没有兴趣，没有学习的要求，父母只是管束、训斥和强迫，孩子是不可能学好的。而且时间长了，孩子还会滋生反感、厌恶等情绪，以致消极对抗。这样的事我们见过和听过的都很多。那就是：你一定要我画，我就乱画；父母一来检查，画的都是圆圈圈，字写得东倒西歪……这还是好的，老实的。

孩子是需要从小培养的，儿童的智力也应该从幼儿时开始开发，但起码应该先从培养儿童的兴趣着手，而兴趣又是因人而异，绝不能由父母来主观决定或强加在孩子的身上。在幼儿时期，做父母的可以鼓励孩子们学习和接触各种事物——画画、写字、弹琴、跳舞、武术

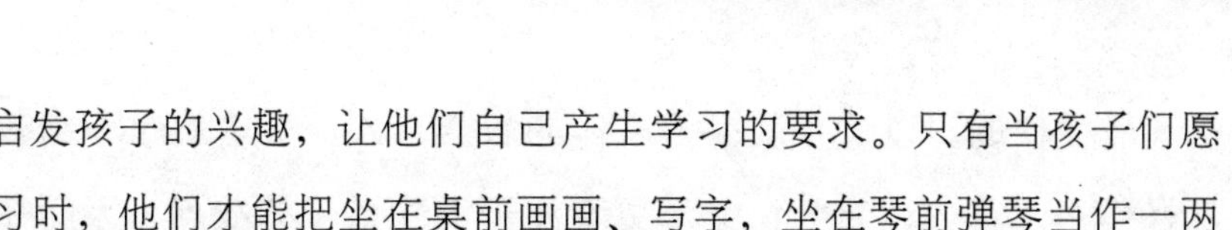

等，启发孩子的兴趣，让他们自己产生学习的要求。只有当孩子们愿意学习时，他们才能把坐在桌前画画、写字，坐在琴前弹琴当作一两件乐事，一两小时还嫌少，他们的学习也才会进步。

反之，没有自觉的要求，即使可以强迫进行一段时期，也不可能持久。这是因为一个人不论做什么事情和学什么东西，只有当他把自己的身心都投入到那件事情上时，才能做好或学好。

遗憾的是，受传统文化影响，很多家长在教育子女的过程中，不知不觉地成了一名“暴君”。这些“暴君”往往更看重自己的“权威”，常以“皇阿玛”“皇额娘”的身份、用命令的口气让孩子听命于自己；孩子的一切事情都由自己说了算，不允许孩子有自己的意见，不允许孩子做出自己的选择；不提供给孩子可自由支配的时间和空间；如果孩子不听话，就会遭到严厉的训斥或惩罚。

这种专制型的做法会给孩子带来什么呢？

首先，孩子感觉不到来自父母的爱。他们根本理解不了父母为何什么事都要管着自己，他们会觉得自己就像玩具一样被父母操弄着。

其次，孩子会从内心深处生出对父母权威的惧怕，进而产生恐惧心理和压抑感，久而久之，容易使孩子形成胆小、怯懦、怪僻、冷漠的性格。这种影响会严重到形成对孩子生活的控制，甚至延续至孩子的成年。

再次，这种专制型的做法，容易使孩子产生抵触情绪，与家长形成情感对立，甚至产生逆反心理。这是很糟糕的事情，在这个过程中，孩子的乖巧行为更多是出于害怕惩罚，并不是真的“心悦诚服”。因此，他们无法培养起自身内在的控制力，一旦控制者转过身去，被控制的孩子就会像脱缰的野马。前面提到的那个 8 岁的孩子，很显然就是过早地产生了逆反心理。

最糟糕的，以“专制”为主体的教养方式，根本就起不到教育的良好作用。首先，它会让父母更专注于消除孩子的缺点，因而往往忽略了孩子的优点，孩子长期得不到赏识、鼓励，这对他们的自信成长是莫大的打击；其次，由于父母注重的只是惩罚孩子，使得他们不会去学习采用其他更为适当的方法来纠正孩子的不良行为，而那些方法原本就能减少惩罚孩子的必要性。由于专制型的教育不把孩子当作个性独立的个体来对待，因此这种教育方式难以使父母与孩子之间产生共鸣，形不成各自内心的美好体验，即使在严厉的责罚背后有着一颗温柔的心。

而在孩子幼稚的心里，这样的爸妈就像是可怕的“独裁者”，他们在严格的要求下，没有自己的时间和空间，没有为自己申辩的机会，甚至连交朋友的权利都没有。不难想象，在这种环境中成长起来的孩子，内心该是多么的无奈沮丧，又有多少孩子因此而越发叛逆，终至堕落。

很多家长们应该清醒了，不要让“专制”这把刀砍伤孩子。所有的家长都应该认识到，教育孩子不是你对孩子做的事情，而是你与孩子一起进行的一个学习过程。不要再以为，管好孩子，让他顺着自己的意愿行事，按照自己安排的道路行进，就是最好的教育方法。

孩子是没有定型的。正在成长中的人，在父母面前，他们处于弱势地位，但他们同时又有自己的思想、自己的感情、自己的个性，并且有着巨大的潜能，你一味地操控，那么这把专制之刀就势必会给孩子造成深深的伤害。

所以爸爸妈妈们，请尽快放下手中的利刃，做民主型的家长吧！

逼孩子服从，后患无穷

一些父母在生活中总是简单粗暴地对待孩子，孩子的一些想法行为，只要是父母不喜欢的，一律用高压压制、“改造”。结果，孩子表面上对父母唯命是从，但心里却对父母感到怨恨、恐惧、不满。其实，父母应该明白，孩子有自己的想法是一件很正常的事，应该认真考虑孩子的感受。如果孩子真的有问题，父母可以以朋友间谈天的方式与孩子交换一下看法，让孩子心甘情愿地接受你的意见。

大刚和几个好朋友约好了，周六晚上都去同学王磊家下下围棋，同时也商量一下升学考试的事情。吃过晚饭，他要出门时，爸爸却大声呵斥道：“晚上到哪儿去？不许去，给我在家里待着！”“他去和同学商量考试的事。”一旁的妈妈替大刚解释着，可是爸爸仍然声色俱厉：“升学的事和同学有什么好商量的？用不着！开家长会的时候，我跟班主任已研究定了，你只要好好念书，考高分就成了。”爸爸教训完大刚，又转过脸来冲着妈妈喊：“就是你纵容他，惯得简直不像话！在这个家，我是老子，我说了算！”

大刚的心里难过极了，不仅仅是由于爸爸的阻拦使他在同学面前失约而难过，也为爸爸的粗暴专制而难过。其实，他知道爸爸也是疼他的，有一次他生病时，是爸爸背着他跑到医院。可是，大刚就是受

不了爸爸对他自己的事情的粗暴干涉。所以很多时候，他心里有事，宁愿憋着，也不跟爸爸讲，免得招来爸爸的责骂。

简单粗暴是不文明的表现，谁都不会喜欢专制的领导或同伴。子女对专制的父母同样也是反感的，尽管表面上可能表现得“百依百顺”。

用简单粗暴的方式去解决问题往往会把好事弄成坏事，成事不足，败事有余。事后不少父母也后悔莫及，但由于未下大决心克服这种毛病，后悔归后悔，再遇事又旧病复发，弄得孩子见父母如同老鼠见猫，何谈沟通交流，更何谈父母子女之爱？

自然，父母不允许孩子做的事，大都是有道理有理由的，可是没有多少道理或者干脆不讲道理的也大有人在。但是对孩子，无论是在什么情况下，用粗暴、命令式的语言、态度只会伤害孩子的自尊心，引起孩子更加激烈的反抗。

因此，我们建议家长用“对等计”教育孩子，不要对孩子专制粗暴，应该多站在孩子的角度想问题。要知道孩子的思维方式和成人的思维方式是不同的，家长应该抱着平等的态度，丢掉成年人的认识框架，以孩子的眼光来理解他们的世界，并给予引导，那么亲子关系一定会和谐得多。

两代人之间有太多的不同看法，父母不能因为自己觉得不合理，就粗暴地压制孩子。教子应该努力启迪和教育孩子，让孩子健康自然地发展，粗暴地强迫孩子如何如何，效果一定不会好。在这个故事中，妈妈认识到粗暴的命令是毫无意义的，自己应该理解女儿的做法，从女儿的角度思考问题，这样才能圆满地解决矛盾。

孔子曾说：“鞭扑之子，不从父之教。”也就是说被鞭子打过的孩

子，不会听从父母的教导。以简单粗暴的专制管教形式，是无法让孩子真正心服的。父母们遇到具体事情时，应当多和孩子协商、讨论，而在讨论具体的问题时，父母不妨多一些幽默感，不要压抑、限制孩子的愿望。对孩子提出的合理要求、愿望尽可能地去满足；对孩子的一些无伤大雅的“出格”行为睁一只眼，闭一只眼，对孩子的合理建议要认真采纳等。总之，父母一定要平等、民主地对待孩子，这样孩子才会爱戴父母，才会生活得毫无压抑感。

对孩子“出格”的想法与行为，要尽可能地宽容谅解，把孩子当成独立的个体看待，不要粗暴地管制孩子。如果你能让孩子把你当成亲密的朋友，那么你就算得上是称职、开明的父母了。

要孩子“听话”，也许是害他

中国是一个具有几千年封建历史的古国，封建意识在很多父母的头脑中仍旧根深蒂固。其中之一就是喜欢孩子听话，百依百顺，容不得孩子的反对意见，更容不得孩子反驳自己。但现在时代已经变了，再要求孩子们百依百顺是很难做到的，而且父母也不一定就正确。孩子们有时提出反对或者有不同的意见并不一定就是什么了不得的大事，更不是对大人的不尊重和不敬。我们日常生活中的许多事情本来就既可以这样做，也可以那样做。

并不是只有一种方法才能成功。俗话说的“条条道路通罗马”也就是这个道理。

可是，由于父母和老师都喜欢孩子听话，所以勇于说出自己不同的意见——不同于父母和老师的意见的孩子通常不受欢迎。聪明的父母不是这样。有一个小学教师告诉我们这样一个有趣的故事，很具有启发性。

一次，这位教师去一年级上数学课，她问：“一棵树上站着三只小鸟，一个孩子用弹弓打掉了一只，问树上还有几只？”

几乎所有的学生都举手说：“一只也没有了，树上是零只。”

而一个平常不太爱说话的孩子却举手说：“三减一等于二，树上应该还有两只。”

这个孩子的回答引起了全班同学的哄堂大笑，因为这种脑筋急转弯的题目，不少孩子在幼儿园就练习过了。

可是那个孩子却执着地说：“就是两只嘛！”

于是这位教师说：“打掉的虽然是一只，但是弹弓一响，其他的两只就飞走了。”

这样才结束了那场争论。

听了这个故事，我们觉得那位同学很值得称赞，因为他能不为多数人的意见所左右，有自己的主见而不怕被人耻笑，敢于坚持自己的主张。

发现“万有引力”的牛顿，少年时代很少和同龄的孩子一起玩耍，而是独立研究事物，在学校里他曾被讥嘲为“乡巴佬”。发明“相对论”的爱因斯坦的座右铭之一就是“从他人的意见中独立出来”。

这两个大科学家的发明和创造，正是他们能够力排众议、独立思

索的结果。当然，要求所有的孩子都这样做是不容易的，因为很多孩子都很难顶住外界的冷嘲热讽和各种压力。有一定的执着，才可能有一定的创造力。

这个道理可能很多父母都能够理解，可是很多父母还是喜欢自己的孩子在家中言听计从，在外不标新立异。当自己的孩子与别人的意见不合时，父母担心因此让孩子背上“不合群”的骂名，被他人讨厌。这实际上是强迫孩子顺从大家的意见，这是不利于孩子创造力的发展的。

法国人的做法就很值得学习。他们认为，容易受别人意见左右的人没有主见。因此，他们积极鼓励孩子发表不同的意见。我们发现，法国人喜欢孩子相互讨论问题，通过这种方法来磨炼孩子的处事能力。

因此，在孩子反对父母的意见时，我们不应轻易地责备孩子不听话。如果孩子的意见是错误的，也应该耐心地说明、解释，这样才能养成孩子有主见、有创造性的品质。

看下面这个小故事：一次，一位母亲叫孩子去买米。女儿拿了两个提包准备出门，母亲看见，把女儿叫住了：“你怎么不拿小推车去推呢？还拿两个提包！”

女儿说：“我拿两个提包，一手提十斤提回来了，还推什么车子呢？”

母亲却坚持说：“当然是推车子方便得多啦！”其实，这种争论是没有必要的。可能母亲的说法是对的，可是女儿喜欢用手提，就让她提好了。如果真是吃力的话，那么下次不用大人提醒，她自己也要用推车的。这既是对女儿的尊重，也是让孩子们自己到生活中去积累经验。只有通过自己的实践获得的知识才最牢固。

有这样一个故事：一个十四五岁的男孩来到青春的路口，似乎有那么一条小路若隐若现，召唤着他前进。

他的母亲拦住他说：“孩子，那条路走不得。”

孩子说：“我不信。”

母亲说：“我就是从那条路上走过来的，你怎么还不相信？要知河深浅，要问过来人。”

孩子说：“既然你可以从那条路上走过来，我为什么不能走过来？”

母亲说：“我不希望你走弯路。”

孩子说：“我喜欢，我不怕。”

母亲想了很久，看了孩子很久，然后叹口气说：“好吧。你这孩子太倔强了，那条路很难走，一路多加小心。”

孩子雄心勃勃地上路了。在路上，孩子发现母亲没有骗他，那的确是条弯路。孩子碰了壁，摔了跟头，碰得头破血流，但是他不停地走，终于走过来了。可是这一走就是多年。

他坐下来喘息的时候，看见一个女孩，自然也很年轻，正站在当年男孩出发的路口准备出发。

当年的男孩忍不住喊道：“那条路走不得！”

女孩不信。

当年的男孩说：“我母亲就是从那条路上走过来的，我也是。我知道那条路不好走！”

女孩说：“既然你们都从那条路上走过来了，我为什么不能？”

他说：“我不想让你走同样的弯路。”

女孩说：“我喜欢！我愿意。这是我的权利。”

当年的男孩看看女孩，又看看自己，然后笑了。

几千年流传下来的经验不是没有用，而是很多人不会用，特别是年轻的一代，很多事情都要他们自己去感悟。中国人喜欢给孩子讲大道理，这些道理最有理，但很空泛，不少孩子都不听；西方人喜欢实际，鼓励孩子去体验，虽然不一定正确，但是很多孩子喜欢。感悟是一辈子的事情，让孩子学会感悟，这是一种很好的方法。

父母都有一个希望，就是自己的孩子能够聪明、听话。可是，事实往往是聪明的并不一定听话，听话的不一定聪明。老师也有这样的经验，尤其是小学、中学，老师喜欢自己的学生听话，少给自己找麻烦，可是他们更清楚，过多地要求学生听话就会妨碍他们的智力发展。

别用你的期望“绑架”孩子

“望子成龙”、“望女成凤”是中国父母的普遍心态。从孩子很小的时候起，他们就对孩子有一大串的期望，期望孩子从小学到大学一路“重点”，最后再出国深造，成为博士，期望孩子功课好、分数高、力争年年被评上三好学生；期望孩子有特长，能在数学竞赛中获奖、能在英语大赛中获奖、能在书法比赛中获奖、能在钢琴比赛中获奖、能在体育比赛中获奖……这些期望就像一副重担，狠狠地压在了孩子的肩膀上。

其实，父母期望孩子成才这一点是可以理解的，但期望也应该以现实为基础，如果父母的期望值过高，背离了孩子身心发展的内在规律，那么就可能给孩子带来过重的心理负担，影响孩子的发展。

小雨是从一路辉煌中走过来的，她上小学时，是市里的心算冠军，还屡次在高手如云的全国数学奥林匹克竞赛中获奖；她的英语非常好，上初中时曾代表学校参加过省英语口语大赛……上高中后，妈妈告诉她："以你的水平、实力，上高中一定要在班里拿第一！这样将来才有希望考清华、北大。"小雨觉得很痛苦，她觉得自己的能力似乎已经到极限了，重点高中里人才济济，自己哪有那么容易考第一。妈妈看出了她的烦躁，非但没有安慰她，反而还斥责她："整天心浮气躁，你要是不拿第一，看我不打折你的腿！"小雨在日记中写道："爸爸妈妈永远也不会真正地为我着想，他们有要做成功者的愿望，我就得成为过河的卒子，拼命向前。"期末考试结束了，小雨拿到了她的成绩单，她离第一名还有好远。那天下午，小雨没有上课，趁父母不在家，她收拾好东西，带上一些钱离家出走了。

父母期望孩子早日成才，期望孩子出类拔萃，这种心情本是合理的。但也不能否认，任何事物都应该掌握好尺度，要根据实际状况，采取科学的方法，千万不能在教育孩子的过程中，怀着不切实际的"期望"，走向极端。父母总是用成人的心态和眼光看待孩子的内心世界和能力，对孩子的能力发展、情绪状态、心智方面都有过高的估计。父母在这种自我沉迷的状态下不能清醒地认识问题，久而久之，使自己的行为成了一种惯性和教条。最终给孩子造成了巨大的精神压力，使孩子觉得学习越来越沉重，越来越没兴趣和信心，甚至还导致孩子心态的失衡，甚至走上极端。

因此，该到了给孩子“减负”的时候了，不要总是给孩子太多压力、负担，对孩子的期望要合情合理，要让孩子能够看到成功的希望，“轻装上阵”不是更有利于远行吗？

涛涛上初二了，成绩中等偏上一点，这让他的爸爸很着急，再这样下去，重点高中就没戏了。于是夫妻俩齐上阵，一起督促涛涛学习，还不断地给他讲一些“考不上重点高中，将来就很难考上重点大学”的道理，不过这样做似乎完全没效果，期中考试成绩一点没进步，老师还反映说，涛涛变得内向了许多，夫妻俩只好带着儿子去看心理医生。几天后，心理医生告诉这对望子成龙心切的夫妻，他们的儿子有忧郁症的倾向，主要是因为心理压力过大。那怎么办呢？医生给他们支了一招——“减负计”。

回家后，夫妻俩找儿子谈了一次话，爸爸说：“涛涛，我们为了你好，但却似乎给了你太大的压力，现在我们认为应该按你现在的成绩对你提出要求。你现在是中等偏上，那就加把劲儿考市五中吧！五中虽不是重点，但听说教育质量也不错。”“爸爸，你说的是真的吗？”涛涛眼睛亮了起来。“当然是真的了！不过，你不可以因为我们降低了要求就不认真学习，知道吗？”涛涛连忙点头。从那以后，涛涛的脸上开始有了笑容，而且也不再用父母督促着学习。中考结束了，当父母准备送儿子去五中时，却出现了一个戏剧性的转折——涛涛的分数超过重点高中的分数线 17 分，涛涛竟然考上了重点高中！爸爸奇怪地问涛涛怎么考的，孩子笑着说：“没有压力、轻装上阵自然发挥得好！”有了这次经历，涛涛的父母决定今后要将“减负”进行到底。

教育孩子，应从孩子的实际出发，顾及孩子的爱好与特长。如果只根据家长的兴趣和愿望，那么孩子只会走向相反的道路。在高期望

值的支配下，父母评判孩子好坏的标准往往会严重失衡。孩子教育的成败也多以考试分数或指定孩子所学的一门特长的成效来衡量。这实际上是家长自己背上的一个错误而沉重的包袱。因此，父母在教育孩子时，应注意给孩子“减负”，而不是加压。不要以为孩子在很大压力下才会出人头地。教子成功的父母一般绝不给孩子太多的期望与压力，因为让他放松身心、缓和情绪反而更好。

给孩子过高的期望，会让孩子因压力过大而崩溃；降低你的期望，为孩子减去过重的负担，却可以使孩子轻松自如地前行。

你越施压，孩子的问题越激化

现在离家出走的孩子越来越多了，原因是多种多样的，不过大多数都是因为受不了父母的“高压”政策，因而选择了逃避。于是，这些孩子的父母痛苦、懊悔，可是说什么都已经晚了。当初何必要给孩子那么大的压力呢？孩子的承受能力是非常有限的。

有这样一个家庭：母亲是位教育工作者，连续七年被评为优秀教师，父亲是一个律师，自己开着一家律师事务所。这对夫妻有一个儿子正在读高中，而这个孩子却不像父母那样优秀，父母提起他来就是“我那不争气的儿子”。

儿子小时候聪明活泼，夫妇俩想尽办法为他创造条件：让他上各种兴趣班、提高班，还买了许多辅导书给他看。可是孩子的学习成绩始终没有达到他们的要求。小学时，孩子的学习成绩在班级属中上水平，进入初中后，他逐渐变得不听话，常常和父母唱反调，对学习开始厌烦，学习成绩明显下降。读初三时，他常常逃学。为此父母斥责过他无数次。结果一天清晨，夫妇俩发现儿子不辞而别，书桌上留了一封信……

亲爱的爸爸、妈妈：

我走了，我实在是不配当你们的儿子。你们那么优秀，而我是如此平庸，学习上我实在无法达到你们的要求，让你们丢脸了。

其实我也曾想把书读好，可不知怎么就是提不起兴趣来。我感到压力太大，喘不过气来。的确，你们为我创造了良好的读书环境，给我买了许多中外名著、课外辅导书籍，还给我一间书房读书，可你们越是这样我就越怕让你们失望。

我很感激你们，也知道你们对我的爱和期望。但同时你们也剥夺了我作为孩子玩耍的权利，使我失去了很多乐趣。你们不允许我外出和同学玩，说这是在浪费时间，还怕我学坏。我的业余时间除了读书还是读书。我几乎没什么知心朋友，你们的工作又那么忙，很少与我交流，即使是找我谈话也永远是那个主题——好好读书，要求我取得很高的分数。

上周的测试成绩出来了，我又没考到80分，你们知道了，又要骂我了吧！我觉得这个家里已容不下一个不爱读书的人。我走了，请别找我。

儿子

后来，父母在火车站附近找到了孩子。但回到家里，儿子表示不想读书了，否则他还会离家出走。父母只好答应他的要求，让他休学在家。

“我的父母也是教师，家里的兄弟姐妹都是知识分子，我的侄女上了大学，外甥进了重点高中。可偏偏我的儿子不争气，让我丢尽了脸面。我当了这么多年教师，教的学生也可谓桃李满天下了，却教不好自己的儿子，这是什么原因呢？”这位母亲道出了心中的疑惑。

可以说，孩子的离家出走，完全是父母的高压政策所致。父母想通过给孩子加压，让他考出好成绩，以满足自己与同事、亲友攀比的心理，却不顾孩子的兴趣所在，一味地要求他参加各种学习班，剥夺了孩子交友和玩耍的权利，使孩子失去了和同龄人交往的机会，使孩子感到生活枯燥无味，孩子处在强大的压力下，不仅感觉孤独，而且发展到了对读书的厌倦。在此情况下，他只有选择出走，以逃避这令自己喘不过气的环境。

压力太大就会引起反弹，生活中，一些家长往往把孩子视为私有财产，为了要子女出人头地、光宗耀祖，家长们不断给孩子加压，或冷言冷语，或棍棒教育，结果非但达不到预期效果，反而弄得亲子间冲突不断。教育学家建议家长们撤销高压政策，运用“减负计”减轻孩子的压力。

这样做是非常有意义的，减轻孩子的精神负担，会给孩子的身心健康带来好的影响，同时又可以缓和因高压政策而导致的亲子矛盾，如果处理得好，甚至还可以改变孩子对待学习的态度。

那么，“减负计”应该怎样运用呢？

首先，父母不要再整天拿自己的孩子跟一些出色的孩子相比，当你对孩子说“你看人家的孩子……”时，其实就是在对孩子说：“你太没用了，比起人家的孩子，你差得太远了！”这样一来自然会增加孩子的心理负担。

另外，在家里不要用教师的身份或其他的什么身份管教孩子，而要以慈爱的父母的角色和孩子倾心交谈，拉近距离，认真了解孩子的思想动态及兴趣所在，尊重孩子的想法，为孩子营造轻松愉快的读书氛围。一旦孩子接受父母作为他的知心朋友，一旦消除了令他窒息的高压环境，就能改变他对读书的厌倦。最好根据孩子的兴趣，激发他的读书热情。至于孩子今后的路怎么走，父母可以进行引导，但不能代替孩子做出决定。

高压只会引起反抗，让孩子更不听话，更不爱学习。如果你能试着给孩子减去一些负担，那么孩子一定会更自信、轻松，并愿意回到你身边。

孩子的事情尽量让孩子做主

生活中，父母们总是喜欢依据自己的意愿来为孩子做选择：让孩子学钢琴，让孩子学舞蹈，让孩子学理工科，让孩子考大学……几乎很少有家长会询问孩子的志愿，尊重孩子的兴趣和理想，因此亲子之

间常出现矛盾。父母抱怨孩子不理解自己的苦心，孩子指责父母干涉自己的自由，于是关系越闹越僵。

父母带着女儿到餐厅用餐，服务生先问母亲点什么，接着问父亲点什么，之后问坐在一边的小女儿：“小姑娘，你要点儿什么呢？”女孩说：“我想要水果沙拉。”

“不可以，今天你要吃三明治。”妈妈非常坚决地说。“再给她一点生菜。”女孩的父亲补充说。

服务生并没有理会父母的话，仍旧注视着女孩问：“亲爱的，你都喜欢什么水果呢？”

“哦，西红柿、苹果，还有……”她停下来怯怯地看了一眼父母，服务生一直微笑着耐心等着她。女孩在服务生的目光鼓励下说，“还有多放一点沙拉酱。”

服务生径直走进厨房，留下目瞪口呆的父母。

这顿饭小女孩吃得很开心，回家的路上，她还在不停地说啊笑啊，最后，她走近爸爸妈妈，开心地说：“你们知道吗？原来我也能够受到他的重视。”

可以想象，这个服务生给女孩带来了平等和自尊，更给女孩的父母上了意义深远的一课。那就是，孩子有自己的兴趣爱好，孩子的选择同样需要被尊重。

有一个父亲，他是一个普普通通的工人，他一直希望能把自己的女儿培养成才。有一次，一个客人在看到他的女儿时，顺嘴夸了一句：“这个孩子手指修长，一看就是块弹钢琴的料。”这位父亲动心了，他决定将女儿培养成钢琴家。第二天，他就去银行提出了所有存款买了一架昂贵的钢琴，又请了老师来教女儿。可是那个6岁的小姑娘根本

就不喜欢弹钢琴，她希望能和小伙伴一起参加舞蹈班，可父亲却不愿意尊重她的选择，一定要她练钢琴。每次，小女孩都是哭着坐到琴凳上。有一次她妈妈劝她爸爸说："既然她不喜欢，就别逼她了！"可小女孩的爸爸却气呼呼地说："不行，她懂什么？我说了算！"一天，爸爸出去了，留小女孩一个人在家练钢琴，小女孩由于气愤，拿起一瓶胶水把琴键给粘上了。做完了之后，她突然觉得很害怕，爸爸一定不会放过她的。于是6岁的小女孩收拾了个小包决定离家出走，就在一条繁华的马路上，她被一辆汽车撞倒，双腿粉碎性骨折，她永远也不能再站起来了。

这个故事给我们的教训是：强制孩子是没有意义的，家长必须学会尊重孩子的选择，尊重孩子的兴趣理想，望子成龙、望女成凤当然没有错，可是家长不能利用自己的身份压制孩子，说到底人生毕竟是孩子自己的。

只有尊重孩子的选择，让孩子走一条自己喜欢的路，孩子才会愿意为此而奋斗，凡事都迎难而上，也只有这样孩子才会真正地取得成就。

不一定上大学才算有出息

人生的道路是复杂而五彩的，孩子不一定非要读高中、大学、研究生、硕士、博士不可。孩子如考不上高中，读职高也可以。只要愿

意学习，道路总是很宽广的。

“路是无限宽广的”，不要太早指定一条路让孩子去走，所谓“条条大路通罗马”，每个方向都有它的生机，一窝蜂地挤窄门，只会造成无谓的伤害。不一定每个孩子都能成为翔龙、飞凤，让孩子做个在草原上奔驰的驯鹿、活泼快乐的猕猴、威武而善良的大象，不也很好吗?

那年儿童节，当全国的孩子庆贺自己的节日时，青海省西宁第五中学高三学生卢晓珑，在高考模拟考试之后跳楼自杀了!

据班主任周晋宁介绍，卢晓珑在班里表现很好，学习成绩一直很优秀。在最近的两次高考模拟考试中，成绩始终名列前茅。5月29日进行第三次考试时，卢晓珑称自己头痛，后两天的情绪不好，随即出事了。

《少年儿童研究》杂志曾公布一项调查结果，即对22名儿童自杀行为的分析发现，学习压力过重导致自杀的占45.5%，高居自杀原因的第一位。

在目前的中国，每年还是仅有少数同龄人能上大学，而期望孩子上大学，甚至上好大学的父母高达92.8%，期望孩子将来读博士的父母达19.3%。如此巨大的反差就很容易造成孩子具有严重的成就焦虑，甚至可能出现自杀的悲剧。

让我们冷静地想一想，少数人能够上大学就是少数人能上大学，这是一个很现实的问题。不管父母如何高期望，孩子如何拼命学，少数还是少数，很多父母是必须面对失败的。

父母和孩子何以走出这痛苦的沼泽呢?

我们必须换一个角度考虑问题。成功之路是很多的，不只考大学一条路。现代社会已经开始由学历社会转向能力社会，成功也由单一模式转向多种模式。况且，我们的目标是让孩子幸福，通往幸福的路更是千万条，父母干吗要限定孩子的选择呢?

实际上，只要我们有一颗平常心，尊重孩子的人格，相信孩子的选择，孩子完全可能实现幸福的追求。有个独生女小学毕业时，不愿去重点中学竞争，选了一所以学习日语为特色的普通中学，父亲坚定地支持女儿的选择。如今，三年过去了，女儿生活得很愉快，因为是学习日语，已经能用较流利的日语打电话了，还担任了某报的学生记者。这位父亲的感悟是，一个人应先生存而后发展，以生存为基础，发展的路子也就宽了，何必将自己逼上绝路呢?

父母“望子成龙、望女成凤”往往存在着三种原因：

1. 父母把子女视为自己的延伸，子女的成就也就是父母的成就。父母与子女荣辱共尝，就是这种心态的表现。

2. 补偿心理作祟。有的父母自己本身没有办法自我实现，就会把希望寄托在子女身上，盼望子女完成自己未实现的心愿。

曾有位妈妈这样说过：“小时候我梦想当一位音乐家，但是，家里太穷了，连风琴都买不起！所以，现在我要孩子去学钢琴，希望他们能够成为优秀的音乐家。”如此把自己的缺憾托付孩子来弥补，那样孩子是否也会因此失落了什么?

3. 为了符合社会期望。社会上认为好的，父母就会尽力让孩子拥有，以符合社会的期望，为社会所认可。因此，社会潮流的趋向便会造成一窝蜂的现象，五六岁的孩子，父母要他们学英文、学电脑、学柔道……反正“大家”都去学嘛！不管孩子喜不喜欢，有没有兴趣。

现今有许多中产阶级的父母们，对子女的教育问题非常关心，但却不得其法，而且他们关心的重心也只在于“我的孩子将来能不能考上大学”。事实上，考上大学并不是人生的最后目标。虽然注重子女的教育是中国一个优良的传统，但是，现今的父母们之所以会如此烦恼“我的孩子将来能不能考上大学”这个问题，我们认为有以下几点成因：

1. 现代的父母愿意投资在孩子的教育上

父母与父母之间会产生竞争的压力。当父母处在妯娌、兄弟、同事之间时，难免会有“我的子女是不是比别人好”的心理压力。于是，在这种压力之下，就会想是否有一种很快的方法能使我的孩子分数变得很高，以证明我的子女是不输别人的。

2. 学校的教育有很大的问题

之前我们不少学校还是在搞应试教育，其目的不在教育孩子如何求取知识，只是将无法渡过每个考试关口的人淘汰掉而已。

3. 升学主义的缘故

而所有问题的背景全出于“如何使子女顺利考上大学，在社会上取得成功”的心态。

在此提出一些适当的处理方法：

1. 没有所谓最好而又唯一的教育子女的办法

每个人的生活背景不同，别人所采用的教育方法也不一定适用于你。父母应该衡量自己的生活环境、经济能力、工作以外的时间和精力、孩子与其他长辈的态度等方面来决定自己的教育方法。有趣的是，你用何种方式去教养子女，他们就会展现出相应的个性与特质来，而这种与众不同的个性与特质，正是我们多样化的社会所需要的！

2. 学会中庸之道

过与不及都不是好事，采取中庸之道是保持弹性的最好方法，可

以避免僵化的管理。

3. 认识生活的意义与目的

人活在世上，就是一个不断寻找生命意义的过程。帮助子女找到他们所认识的生活意义和目标，在教养子女时是很重要的。

4. 要有成长的概念

子女是活的，不断在成长中。在各个成长的阶段中，鼓励孩子从各种不同的信息中去获取知识，培养他们独立吸取知识、分析知识、解决问题的能力，减少对老师的依赖。

5. 要有成本的概念

现今的补习班太多，在选择时要有“对孩子将来考大学有无帮助”的投资顾虑。

6. 孩子全面发展

以上是解决问题的大原则，父母们应根据自己的情况灵活把握。

孩子的梦想让他自己编织

顺应孩子的能力及兴趣，给予适当的引导和关照，使孩子身心健康，能掌握成功的机会，也懂得忍受挫折，孩子便能正常地成长——这才是父母所应扮演的角色。不要天天忙着工作、应酬，不清楚孩子真正的兴趣和志向所在，却要求孩子要如何如何，等孩子达不到自己

的期望时，不仅孩子觉得难过，自己也会感到挫折、失望。

有位教师讲了这样一段经历：我大学毕业的时候曾经在一所当时称为“贵族学校”的私立中学实习。那里面的学生大多数是来自相当富裕、父母又忙于做生意没有时间管孩子的家庭。坦率地说，这些孩子虽然个个活泼健康、聪明伶俐，但是都属于“有点问题”的那一类，贪玩儿、任性，在来这个学校之前学习成绩比较差，少数已经受到不良影视节目的影响，满脑袋尽是“江湖”这一类的东西，有的甚至管我这种年轻的老师叫“老大”。

当时那个学校的校长交给我的一个任务就是和学生探讨认真学习的重要性。

这时碰到一个贪玩儿但是爱动脑筋的学生，质问我的口气还真有点苏格拉底的风格。

以下是我们当时的对白：

“你应该认真学习。”

“为什么要学习？”

“认真学习才能考上大学呀。”

“为什么要考大学？”

“因为上大学才能找到工作。”

“为什么要找工作？”

“有工作才能有合法的收入，才能有钱支持自己独立生活呀。”

“我爸爸有的是钱。”

我当时一时语塞，真的没有理由说服这个养尊处优的男孩。

其实这个大男孩道出的何尝不是事实：努力学习、上大学、找工作、养家糊口只不过是那些靠不着父母的孩子的人生必由之路。对于

这样衣食不愁的孩子来说，人生如果没有更大的理想与追求，挑灯夜读真的是一件莫名其妙的事情。现在经常也有父母向我们诉苦："我的孩子，条件这么好，就是不好好学习，整天无所事事。"

我们的答案是这样的：让孩子自己为自己编织一个梦！一个更高、更远、更美丽的人生之梦！这样他才会有学习和奋斗的动力，就像那些农家子弟一样。但是现在的许多父母依然把自己少年时代的理想压在孩子的肩上。

其实，青少年时期是一个开始认识自己的时期，青少年们常会问："我将来能做什么？"这一点他们不能确定，可是他们能够确定自己不愿意做的是什么。他们害怕将来是个忙忙碌碌的人，他们变成不听话和反抗父母的孩子，只是为了亲自体验一下他们的自主能力。他们并不是故意想要反抗父母，他们的内心也是非常矛盾的。

他们的痛苦也是多方面的，有肉体的行动，精神上的刺激，不满现状和害羞的苦恼等。要使青春期的少男少女凡事都能称心如意，是件不可能的事。他控制不住自己，可以说是心不由己地闯下了祸事。

同时各种大众传播的媒介也常把青少年带进紧张又痛苦的境地。电视广告大肆宣扬某某化妆品如何好；广播电台介绍给青少年们如何常保口齿芬芳，如何矫正牙齿；怎样洗除头皮屑；有些杂志刊载青少年如何增长身高，怎样增加体重或怎样减肥，怎样锻炼肌肉和保持优美的身材。青少年们如果试过那些灵验良方，结果毫无功效，要是没有加深他们的痛苦，已经是不幸中的万幸了，这些父母都要理解并帮助他们。

随着孩子年龄的增大，父母可以逐步提高对孩子的期望值，并且允许孩子自己做更多的事情。在一段特定的时间之内，父母必须让自

己的期望与孩子的能力保持一致，这样的期望可以使孩子感到安全。

很多父母虽然都知道要顺应孩子的能力及兴趣，然而，认知的层次并不等于行为，孩子的能力及兴趣如果是出于父母主观的认定，就谈不上所谓的“顺应”，反而是“操纵”了！最好先让孩子去尝试，再从日常生活中观察、了解孩子的学习情况，而且常跟学校老师联络，偶尔和孩子的同学、朋友聊聊，自然知道孩子大致的表现，如果能为孩子做心理测验，那就更客观了。

父母对于孩子的学历和职业的期望，也应该秉持上述的原则。不要老是执着于完美的期望，强迫孩子去实践。必须多考虑孩子的现实条件和个别差异，不要做不当的比较，要接受现实，修正对孩子的期望，让孩子愉快、充满信心地向前进，否则会造成孩子心理上很大的困扰，甚至不幸地酿成悲剧。

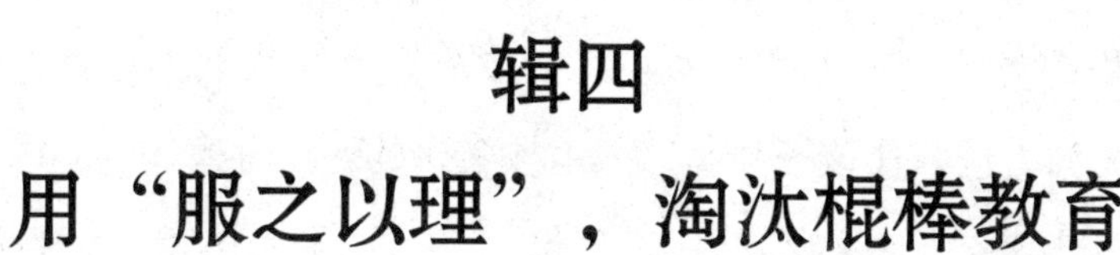

辑四
用“服之以理”，淘汰棍棒教育

当孩子面对恶狠狠的你时，他们学到了什么？学到了粗暴，学到了坏脾气，学会了指责，学会了狡辩，还学会了胆小和自卑。这就是父母棍棒教育的后果。对孩子，请服之以理。

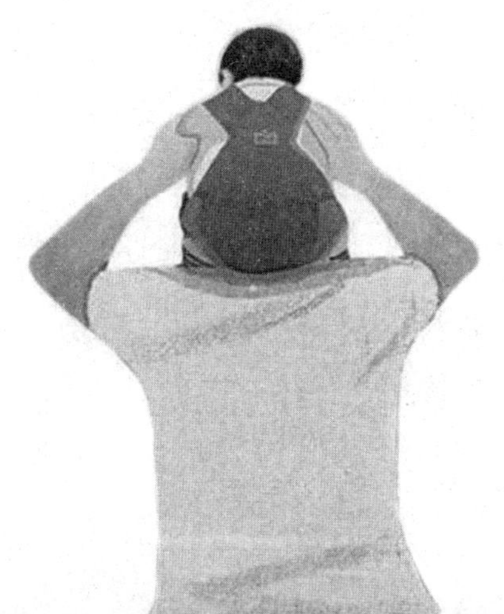

爱孩子，就放下手中的棍子

在中国人的心目中，“黄荆棍下出好人”的古训几乎成了一条真理。其实，这是一条很不好的古训。研究证明，对孩子采用暴力是一种很不好的方法，对孩子的身心都会造成很大的危害。聪明的父母必须学会循循善诱，让孩子高高兴兴地按父母的愿望办事。

近两年来，报纸报道过几起父母打死亲生子女的事件。事情的起因都非常简单，就是孩子不听话，不好好读书，引起了父母的恼怒。通常开始是骂，骂了，孩子不听，仍然不认真读书，喜好在外面玩耍，于是父母就动手用棍子打。当然开始也还只是小打，因为又有哪一个父母不疼爱自己的子女呢？他们之所以督促孩子读书，骂孩子不读书无非是想孩子成龙。当然“成龙”这只是一个形象的比喻而已，并不是每个父母都敢于奢望自己的孩子“成龙”。说实话，大多数的父母，也不过是望子多读一点书，成为一个有用的人。

孩子年幼，父母亲有时候过分迷信打骂可以使孩子用功读书或成绩进步，这是相当可笑的想法。应该适时引导孩子从小对读书的兴趣，并教给他们正确的社会价值观。以人为本的教育才是现代年轻父母所应保持的理念，因为“打”并不能使孩子明了父母的用心，只会在幼小的心灵上制造不可磨灭的伤痕。

既然只是为了教训孩子，使他有些惧怕，因而即使打也不宜多打。

打两三下，作为警告也就够了，这也就是我们常讲的响鼓不用重锤。反之，打多了，打惯了，把一个孩子打得习惯了。那么，孩子对打也就不会有所惧怕了。一旦一个孩子对打失去了惧怕，那就最好就此住手，另想他法。如果做父母的仍执迷不悟，认为打一定可以解决问题：不信你不怕打。那么就会越打越重，越打越厉害。

这样也仍然有两种可能：一种是孩子果然被打服了。另一种就是孩子越打越顽强，大人的火气越来越大，以致失去了控制，结果把孩子打死了。

从报纸上的报道可以看出被打死的孩子通常很小，还未成年，无力反抗。到了十四五岁的孩子，如果他已经不听话到不怕打的程度，他就会反抗，与父母对打。这种反常的现象现在也不少。

所以，绝对不能迷信棍子的威力，尤其是今天的孩子已不是三四十年前我们做子女时的子女。他们成熟得早，他们没有封建传统的束缚，有着更强的独立意识。这就是为什么打多了，他们不是更怕打，而是仇恨和反抗的原因。

前几天，我们还听说一位教师在打女儿时，被女儿一拳打肿了眼睛。所以，这是不能教育好孩子的。如果说他们只想通过打使孩子吃一些皮肉之苦，从而有所惧怕，那么要使孩子对自己的过失有所反省和悔悟，就还要作耐心的说理与说服工作，使孩子明白父母为什么打他。同时，劝孩子今后应吸取教训，不再做不应该做的事：如逃学、旷课、不做功课、在外打架惹祸等。

父母打孩子往往是出于一时冲动，大多没有经过深思熟虑，但却会造成不可弥补的严重后果——使孩子产生不良的心态和心理偏差。如孩子说谎，正是因为有的父母一旦发现孩子做错事就打，孩子为了免受“皮肉之苦”，瞒得过就瞒，骗得过就骗，骗过一次，就可以减少

一次“灾难”。可是孩子说谎往往站不住脚，易被父母发现。为了惩罚孩子说谎，父母的态度更加强硬；而为了逃避挨打，孩子下一次做错事更要说谎，这样就构成了说谎的“恶性循环”。

如果孩子经常挨父母的拳打脚踢，时间一久，这种孩子一见到父母就会感到害怕，不敢接近。因此，不管父母要他做什么，也不管父母的话是对是错，他都只是乖乖服从。在这种不良的“绝对服从”的环境下成长起来的孩子，常常容易自卑、懦弱。

这种孩子往往会唯命是从、精神压抑、学习被动。孤僻而且经常挨打的孩子会感到孤独无援，尤其是父母当众打孩子，会使孩子的自尊心受到伤害，往往会怀疑自己的能力，会自感“低人一等”，显得比较压抑、沉默，认为老师和小朋友都看不起自己而抬不起头来。

于是这种孩子往往不愿意与父母和老师交流，不愿意和小朋友一起玩儿，性格上显得孤僻固执。有的父母动不动就打孩子，伤害孩子的自尊心，使他们产生对立情绪、逆反心理，于是，有的孩子用故意捣乱来表示反抗。你向东，他偏向西，存心让父母生气。有的孩子父母越打越不认错，犟劲儿越大，常常用离家出走、逃学来与父母对抗，变得越来越固执。

不少父母大打出手，往往习惯打孩子的屁股。

据报道，北京有位母亲因为打孩子的屁股致使孩子肾功能衰竭而被送上法庭。据《华西都市报》载，四川眉山市某学校二年级学生张阳，因为作业错误较多，引起父亲大怒。由于儿子不告饶，父亲取下书包上的人造革背带抽打孩子，仍不解恨，找来竹板打孩子屁股，导致张阳臀部大面积出血，不治身亡。其父不得不去公安机关投案自首……

该不该打孩子屁股，这是个老掉牙的话题。“望子成龙”的欲望时时刻刻都在紧紧揪着父母的心，由于某种突发的事件，父母常常会丧

失理智而大打出手。

现在让我们从医院开始，请听一个医生的叙述：有一天，我正在值班，一个妇女抱着约5岁的男孩，闯进急诊室。这个妇女十分着急地告诉我，这孩子太调皮，玩弹弓把家里彩电荧光屏打烂了。一气之下，她把孩子按在床沿上，用竹板往孩子的屁股上连连乱打……孩子哭叫着，突然呼吸急促，哭叫声断断续续起来，呛咳着直嚷胸肋部疼痛。她掀开孩子衣裤，除了白嫩的屁股上有血痕外，胸部、肋部都没有出现伤痕。她傻眼了，心想自己又没打孩子身上，怎么会这些地方痛？于是，她便抱着孩子来医院检查。

我连忙给孩子听心肺，又请来放射科医师做透视，结果均属正常。经过综合分析，我给孩子下了“急性胸肋痛”的诊断。老百姓把这种病叫作“岔气”，疼痛起来可厉害得很，严重的还会发生休克。我取来中成药“通关散”，往孩子鼻黏膜上轻轻地吹一点，孩子接连打了几个喷嚏；我又给他注射了安定和阿托品，不断地在孩子的内关穴和外关穴上捏揉。没多久，孩子的呼吸平稳了些，疼痛也开始渐渐消失。

这时，我才告诉孩子的母亲，因为孩子挨打时全身剧烈晃动，加上又急又怕的精神刺激，造成呼吸肌痉挛而胸肋疼痛。

看见孩子已基本恢复常态，那位母亲似乎还不理解，怏怏地说：“我只打了他的屁股呀！”

我严肃地说：“打屁股引起的怪症还多着哩……”父母打孩子的屁股时，一般都叫孩子趴在床上或其他依靠物上，由于孩子常常会胡乱摆动，睾丸有可能被床沿或依靠物损伤，最常见的是睾丸血肿或破损。打屁股时，父母生气地拉着孩子一只手，有可能用力过猛，使他那直径与桡骨头几乎相等的桡骨颈从环状韧带中往下滑脱而呈半脱臼状态，

也就是医学上所称的“牵拉肘”。还有，打孩子屁股时，一般都使用质地坚硬的竹木片。如果打的时候用力过猛，往往会引起孩子臀部肌肉局部血肿，血液循环不畅而发生坏死性炎症。打孩子屁股时，有的父母在极度气恼中丧失理智，会因为用力太大而损伤孩子的梨状肌，挫伤坐骨神经，引起下肢麻木，甚至瘫痪。打孩子屁股时，父母有可能失手而误伤孩子的头部、胸部，或者在混乱中伤害肝、脾、肾等脏器，造成内出血而危及生命……

这些情况都是常常发生的。年轻的父母们，请放下你的板子！无论孩子犯了什么错误，都要进行耐心细致的教育，“大打出手”的做法是解决不了根本问题的。

孩子淘气是难免的。有的父母往往不能正确地对待孩子的淘气，因为一点小事就罚孩子站。罚站是一种很常见的方法。有的父母甚至罚孩子站很长时间，这是不可取的。

孩子骨骼发育不成熟，脊椎、腰椎都还很脆嫩。如果让孩子带着恐惧的心理站很长时间，势必加重腿部肌肉的紧张度，加重脊柱和腰椎的负担，两腿发胀、发麻，无控制地弯曲和腰酸。这对孩子的身心健康都是很有害的。

很多事实证明，罚站是起不到良好的教育作用的。虽然孩子受到了“腰酸腿疼”的折磨，但是并没有找到自己犯错误的原因，也不知道今后应如何改正，这就无形中剥夺了孩子承认错误和改正错误的机会。研究表明，体罚常常会加剧孩子的抵触情绪，加深父母子女之间的隔阂，真是得不偿失。

总之，为了管出孩子的规范行为，父母不要向孩子发火，或者体罚孩子。如果这样就不可能教会孩子如何控制自己的冲动行为，而且很可能由于父母的自我失控令孩子感到恐惧，这是适得其反的。

不放弃斥责，但也别过度斥责

父母过多的斥责、严厉的管束不但会束缚孩子的主动性，也会扼杀其心灵的创造精神。

有一位很好的中学教师。她管教的学生遵纪守法，学科成绩好。她在家中对子女的要求也很严。孩子在家不大叫大吼，吃饭时不许说话，坐在椅子上背必须伸直，家规一套又一套。孩子不留神，稍有过失，她就斥责。由于她长年的这种模式般的训练，孩子虽然是变得听话了，对人也彬彬有礼了，但却也变得拘谨、怕事、被动了。

有一天，她的学校里举行观摩教学，中午她未能回家。孩子中午放学回来，就坐在沙发上等母亲。整整一个中午母亲没有回来，没有给他们做饭，他们也就饿了一个中午。下午放学回来，母亲问他们中午吃些什么，他们说没有吃什么。母亲问那个 12 岁的姐姐，冰箱里有速食面，为什么不取出来泡了吃。

两姐弟却说 :“你没有讲呀！”

同样的情形，有一次那位教师在做菜，发现酱油瓶里没有酱油了。而家里又适逢有客，菜不能马虎，于是她只得叫她的女儿上街去买酱油。不巧，那天杂货铺盘点，关了门，只在门前摆了一个小摊。小摊上没有瓶装酱油，只有塑料袋包装的，半斤一袋、一斤一袋的均有。女孩由于母亲没有吩咐可以买袋装酱油，不敢买，结果空了手回去。

这些学生之所以在多彩的生活面前显得这样无能，主要是因为他们在家中常遭父母的斥责，父母管得过严，形成了怕事的被动性格。

这些孩子只知道听从大人的吩咐，自己从没有主见，也不敢有自己的见解和要求。他们既没有自己独立的思考能力，也没有自己的判断力，当然也就更谈不上有什么创造性了。

斥责是父母在孩子出现不当行为时常用的一种方法，不恰当的斥责，往往会给孩子的发展带来负面影响。主要表现在：

1. 影响孩子独立性的发展

在父母看来，斥责孩子是为了管教孩子，而管教孩子就是为了让孩子听话，因此经常强迫孩子照父母的话去做，否则就开始声讨。这很容易使孩子变得被动、依赖，遇事只会等待大人的指令，不敢自行做出判断，唯恐做错事情遭到斥责，这不仅会影响孩子独立性的发展，对孩子思维能力和创造力的培养也极其不利。

2. 伤害孩子自尊心

斥责的语言往往会伤害孩子的自尊心。在父母一次次的斥责声中，孩子会渐渐习惯这些词语，从而变得麻木不仁，缺乏自尊心。这正如有人指出的："那些被认为没有自尊心的孩子，是外界没有给他们提供使自尊心健康发展的良好环境。他们的自尊心是残缺的，病态的，他们是斥责教育的受害者。"

3. 削弱孩子自我教育的能力

从表面看，遭到斥责的孩子很快会表示服从，似乎问题得到了解决。但事实上，孩子考虑的只是斥责给自己带来的痛苦体验，而对自己的过错行为本身却很少自我反思，因此斥责反而会削弱孩子自我教育的能力。

最糟糕的一点是，不恰当的斥责还可能使孩子变坏。前面已谈到，

管教过严或过多的斥责可能引起子女的反感，甚至憎恨。那是危险和可悲的。但是另外还有一种危险，那就是孩子对斥责置之不理，但口头上不反抗，内心却不服。你越骂我越要做；你越不喜欢，我越要做。

美国著名儿童心理学家曾对父母的责骂是否对孩子成长有所影响进行研究，他把父母责备孩子的不良态度分为下列几种，并且举出了一些会使孩子变坏的责备方式：

难听的字眼：傻瓜、骗子、不中用的东西。

侮辱：你简直是个饭桶！垃圾！废物！

非难：叫你不要做，你还是要做，真是无可救药！

压制：不要强词夺理，我不会听你的狡辩！

强迫：我说不行就不行！

威胁：你再不学好，妈就不理你了，你就给我滚出去！

央求：我求你不要再这样做了，行吧？

贿赂：只要你听话，我就给你买一辆自行车。或者只要你得了一百分，我就给你一百元。

挖苦：洗碗，你就打烂碗，真能干，将来还要成大事哩！

这种恶言恶语、强迫、威胁甚至挖苦，都是一个年轻母亲在气急的时候，恨铁不成钢的情况下，训斥子女时常采用的方法。但是，它们通常也是最不能为孩子，尤其是有些反抗性或自尊心强的孩子所接受的。它们不但不能把孩子教好，只会把事情弄僵，在不知不觉中给予孩子不良的影响。至于央求和用金钱来诱惑更是只会把孩子引上邪路。

在日常生活中，这方面的例子实在是太多了。近年来发生的子杀父事件就是一个惨痛的教训。父亲对儿子的要求非常严格，略有过失便实施打骂，儿子不堪如此对待，有天下午趁父亲午睡之际，终于拿刀杀死

了父亲。由于父母管教方式的不当而产生的类似的悲剧太多了。因而，在这里我想针对上述不好的责备方式，提出一些管教孩子的原则。

这些原则谈起来简单，就是在孩子做得好，做出了成绩时，要及时肯定和适当地赞扬，鼓励孩子继续进步。当孩子做错了事或闯了祸的时候，做父母的一定要冷静，查明事情原委、弄明事情真相，然后再责备。

为了避免斥责带来的负面效应，父母要尽量少用斥责，确有必要进行斥责时应注意以下三点：

1. 尊重孩子的人格

大人往往觉得孩子小，什么都不懂，殊不知孩子是正在成长中的人，他们对周围的人和事会有自己的认知方式和情感倾向，也需要别人的理解和信任。我们只有尊重孩子，用科学民主的方法对待他们，才能把他们培养成有高度自尊心和责任感的人。因此，斥责孩子时一定要注意场合和分寸，切莫在大庭广众之下训斥孩子，也不要说粗鲁、讥讽孩子的话。

2. 让孩子知道自己为什么受斥责

由于孩子年龄小，知识经验少，能力有限，因此常常会惹出这样那样的事端来，父母应实事求是地加以评价，讲讲道理，同时应帮助孩子分析原因，引导他自我反省。

3. 告诉孩子正确的做法

斥责本身只是一种教育手段，而不是教育的目的，教育的目的是使孩子今后不再犯同样的错误。因此，父母在斥责孩子的同时还要耐心地教给孩子做事的方法，最好是暗示，让孩子自己去思考、去判断，通过自己的努力加以改进。

责备孩子，合理把握“严、冷、热”

做父母的要教育自己的孩子，就免不了要责备。完全不责备，对孩子的任何行为都听之任之，必然会惯坏孩子。我国有句古话：“玉不琢，不成器。”说的也就是这个道理。孩子不好好管教，是不会成才的。而对于放任孩子不管的父母也有一句警语：“子不教，父之过。”

可是，父母管教孩子，如果管得过于严厉，久了，孩子就成了唯命是从、缺乏主见的木头人。没有创新精神，过于被动，就不能自主更生，更谈不上开创一番事业了。这样的孩子长大之后在竞争激烈的社会中，是无法适应的。因此，管教要松紧适度，严而有格，严而有度。在重复出现的失误、危害他人或造成不良影响以及道德品质上的、原则性的是非问题等要适当地管严些，但绝不是严厉、严酷、声色俱厉。于今有些父母则不然，他们动辄大声斥责。一家孩子犯事，四邻连带遭殃。

场景一：

饭桌上，孩子不小心，饭碗掉到了地上。顿时，碗破饭撒，孩子吓呆了，母亲怒不可遏，一把把孩子从凳子上拽下来，大声斥责道：“这么大的孩子，连个碗都端不好，别吃饭了！”孩子伤心地哭了，母亲见状更是生气，厉声喝道：“还有脸哭呀？闭嘴，滚到你屋里去！”孩子抽泣着，难过地回到自己的房间。

场景二：

教师带领学生到儿童乐园去，在结束集体游戏后，教师就吩咐孩子们自己去玩儿自己喜爱的游戏。这本来应该是孩子们皆大欢喜的事，他们可以自由玩耍。而有些孩子竟然木然地站在那里不知应该做什么，使老师感到惊讶。老师没有吩咐，没有布置，他们就不知如何行动。没有了指示和布置，他们就无所适从。孩子们的天真哪里去了？他们的主见和爱好哪里去了？

有些父母，尤其是母亲，样样事情都要求孩子按照自己的意思和方法去做。一看到孩子的所作所为不合自己的心意，甚至不是用自己的方式方法，就出来指责："应该这样做，而不应该那样做。"实际上做一件事情通常是可以有多种方法的。在同一条件下，不同的人可能会有不同的反应，于是产生不同的行为方法，这些都属正常现象。只允许一个模式，尤其是自己的模式是不正确的。

那么，怎样责备孩子才较为恰当呢？这里基本上可以归纳出三条原则：

1. 首先是要肯定孩子们的人格。做父母的一般常认为孩子小，尚未成人，谈不上什么人格。这是极端错误的。孩子是有其自身的人格和自尊心的。只有承认他们的人格，并且尊重他们的人格时，斥责和责备才会为孩子所接受。否则，孩子们不会乖乖地听父母的话。

2. 必须让孩子明白自己为什么挨骂，错在哪里。如果孩子明白了自己的错误，而且有所醒悟，就可不必再追究。因为父母斥责的目的也就是要让孩子知道、认识自己的过失。否则一味地责备只会伤害孩子的自尊心，反而会收到相反的效果。

3. 告诫孩子不要重犯。批评指正孩子的同时，父母还可以把自己的想法和正确的做法告诉孩子，由孩子自己决定一些事情，具体的做

法还可因人、因地而异。不过，总而言之应该了解孩子的心理，理解孩子的心情，弄清事情的原委，对孩子的过失不夸大，也不掩饰。

责备孩子时，应该冷静而又热情。不使用偏激的语言，字字句句都说在一个“理”字上。要使孩子感到亲切，感到爸爸妈妈是讲道理的，目的在于教育自己学好，教育自己做事做人，完全是为了自己好，因而乐于接受父母的斥责。绝不能使孩子感到委屈，感到冤枉，或者觉得父母蛮不讲理。因此，在训斥孩子时，父母既要严肃，又要冷静，同时要满腔热忱。

请注意以下几种方法：

1. 宽容孩子的脏话

两三岁刚学会说话的孩子偶尔也会说出一两句不知在哪里学会的脏话，有的大人听了，不但不感到什么不雅，反而会发笑，觉得好玩儿，“这小家伙不知和谁学了这脏话！”因而也不去纠正。

到孩子上小学，尤其是上中学以后，孩子再说脏话，一般父母就都会觉得不雅和厌恶了。可是，大人虽是不喜欢，孩子却因从小无人纠正，越讲越多。原因在于有些脏话已成为小学生和中学生的口头禅，或见面时的招呼语。

孩子们有他们的话题，有他们的小天地。他们也有他们的语言，我们做大人的不去要求他们说我们的语言，尤其是作为教师或知识分子的语言。如果我们做父母的忽视了孩子的这种心理，一味地责骂他们不文明，就成了大人直接干扰孩子们的天地。而且，强迫他们摒弃他们的语言习惯，就会使孩子无法和同学们打成一片，无法融合到集体中去。

孩子进入大学换了环境，语言环境也发生了变化，他们会自然而然地改掉自己说脏话的习惯。所以在这些小节上，我深刻体会到父母

耗费太多的精力去纠正和斗争是没有必要的。当然，父母对孩子的脏话和不文明的言谈，在日常交谈中一旦发现，应当指出和进行教育，但不必小题大做，把它看得过于严重。至于有些人到老还是一口脏话，那也是与他的生活环境和工作环境有密切联系的，也不必过多责怪。

2. 对孩子不能恳求

有的母亲因为孩子不听话伤透脑筋，打也不是，骂也不是。有时急得无奈，只得向孩子恳求："听我的话，你就做这一次，好吗？"

现在不少家庭有了钢琴，父母想培养孩子弹钢琴。或者家里有一个男孩子，父母想要他学画画。有的孩子开始时，由于很小，父母怎样吩咐，他们也就怎样做了。但过了一段时间，他大了一点，而且练习量加大，他们逐渐体会到弹钢琴和学画的艰苦。他们对弹琴和学画不再感到新奇，反而感到长时间坐在钢琴前和画桌前枯燥无味、受罪，于是放弃了练琴、画画。父母急了，就来劝说，劝说久了，无效，就恳求道："我的小公主，你怎么不练了呢？快来，听妈的话，练完。好吧？"

有一个朋友，他的小儿子在幼儿园里是有名的小画家。他的画曾几次参加儿童画展，并且获过奖。因而外国友人来学院参观幼儿园，看他作画也就成了幼儿园的一个固定节目。有一次，幼儿园老师把纸笔都准备好了，外国友人也来了，只等他作画。而他那天不知怎么，就是不想画。他不肯画，老师来劝也无效，只得把他母亲找来，母亲说了许多好话，他还是不肯，最后母亲只得恳求道："乖孩子，听妈的话，就画这一回，好不好？妈就求你画这一回！"

那次，孩子在母亲的一再恳求下，虽然画了，母亲却从此欠了儿子一笔债，使他日后对抗母亲或要求母亲做事有了本钱。这给孩子日后的教育留下永不磨灭的阴影。

一般孩子任性，都是知道父母最后会屈服。因此，父母恳求孩子也就是自动放下武器，孩子必然会变本加厉地任性。

孩子通常对父母的责备本就很敏感，如果父母还经常将就他们，日久天长只会造成他们任性。

严、冷、热——这三个字谈起来容易，道理也浅显易懂，但真正做起来却很不容易。虽然没有一个父母会承认自己不讲理，但在责备孩子时，在气头上，自以为讲理实际上蛮不讲理，或者只许讲自己的理，不许孩子讲孩子的理，却是常有的事。这就是为什么强调要冷静。

孩子有不满，让他说出来

看见自己的孩子在众人面前“脾气发作”，对父母来说是很件很难为情的事情。一般情况下，当孩子当众有异常表现的时候，父母首先想到的是自己的面子，却很少有父母真正地去关心孩子此时的心情和情感需要。因此，父母便会对孩子的行为很快地加以压制。

实际上，这样做是不对的。作为训练有素的成年人，在父母的脑海中有成套的规矩，什么样的行为是可以接受的，什么样的行为是不应该发生的。在情感表达上父母也应有明确的概念，什么样的情感是值得赞扬的，什么样的情感是不应该存在的。

而孩子却没有形成这样的概念。比如，孩子在 2 岁左右爱发脾气

是一种正常现象。因为这一年龄段的孩子易冲动，自制力差，对挫折的容忍程度是有限的。孩子要到外面玩，父母不允许，为什么不允许，他不明白，有可能就要通过发脾气的方式表达自己的感情。而4岁以上的孩子，对挫折有了一定的控制能力，初步明白了一些事理，假如还频频哭闹、经常发脾气，那么其原因大多数在父母身上。

父母应该明白：发脾气是孩子正常的情绪宣泄，要允许孩子发发小脾气，但要找到孩子发脾气的原因及时安抚孩子。

雯雯一向很固执，对自己认准的事决不回头。假如不如意就发脾气，找理由哭闹，妈妈对此感到非常头疼，总是提防着她的坏脾气爆发。

妈妈经常对朋友说：“我家雯雯一般都很乖，就是脾气一上来，怎么说怎么劝都不行，真是软硬不吃。”一天，一位朋友说：“她总是有原因的吧？不会无缘无故哭闹吧？”

妈妈留心观察，发现雯雯总是在父母不耐心或有恼怒表情后开始“发怒”，而且纠缠不清。妈妈翻开一些育儿书来看，其中讲到孩子对归属感的需求，不禁有些醒悟。或许雯雯看到父母生气，会想到他们不再爱他，因此，有危机感，因恐慌而暴怒。

找到原因就好办了。有一次雯雯又闹了起来，这次妈妈没有训斥或表现出厌烦，而是和颜悦色地拥抱着雯雯说：“妈妈知道你心里难过，能不能告诉妈妈为什么难过呢？”这样问了一阵，雯雯终于吞吞吐吐地说：“我看你刚才生气，以为你不喜欢我了。”

“傻孩子，妈妈怎么会不喜欢你，刚才妈妈的情绪不好，因此，对你态度也就不好了。可是妈妈是喜欢你的，你要相信妈妈。”这样以后每当雯雯有迹象要发怒时，妈妈首先向雯雯声明她喜爱雯雯。这的确使雯雯平静了很多，不再没完没了地“找麻烦”了。

孩子脾气发作，不仅严重影响孩子的情绪与生理状态，而且也使父母狼狈不堪，感到十分棘手。因此，父母要想方设法制止孩子哭闹、发脾气。怎样制止呢？一定要根据发脾气的原因“对症下药”，方能奏效。就像案例中的雯雯妈妈，妈妈发现雯雯发脾气的原因是因为孩子担心妈妈忽视了自己，找到了孩子发脾气的原因，也找到了减少孩子发脾气的办法。

孩子的喜怒哀乐等情绪体验是毫无掩饰的，他们敢爱、敢恨、敢说、敢笑，这是孩子心理的一种优势，一种使孩子能及时宣泄各种情绪能量的优势，他们自然地流露出这些情绪并不是什么可耻的事情，只要不扰乱他人的正常学习与生活，不伤及他人，就没有什么对和错之分，并且父母要鼓励孩子这样做。父母只有细心地观察孩子，理解孩子，允许孩子自由地表现，在理解的基础上进行引导，才能保证孩子的健康成长。

怎样了解的孩子的情绪呢？

1. 给孩子发脾气的权利。如果孩子正为某事在气头儿上，要允许他发脾气。父母不妨先坐下，安静地等待孩子，安静地看着孩子，不去打断他的怒气，全神贯注地关注孩子，这等于告诉孩子：你是我在意的，我在认真地注意你的感觉或问题。给孩子发脾气的权利，有助于孩子宣泄心理能量，也是对孩子关爱的表达。

2. 父母自己不要经常发脾气。当父母火冒三丈时，要注意孩子很可能会模仿父母处理问题的方式。假如父母动辄勃然大怒，又怎能期望孩子控制好情绪呢？因此，为了培养孩子有良好的性格，不乱发脾气，父母一定要以身作则，为孩子创造一个良好的家庭环境氛围，让孩子保持积极情绪，学会控制不良情绪的爆发。

3. 父母的教育态度要一致。当孩子发脾气时，千万不要在成人中间形成几派，有人不理睬，有人去哄劝，有人离孩子而去，还有人跑到孩子面前讨好，更不要当着孩子争论。成人之间一定要沟通好，一旦孩子发作，全家人采取一致的态度。否则他就会更加哭闹不止。

4. 满足孩子的生理与心理需要。孩子处于饥饿与疲劳状态时，易发脾气。这一点父母都很清楚，但对孩子的心理需要却重视不够。孩子有游戏与交友的需要，父母对此能否正确对待，对孩子是否发脾气有很大影响。还要培养孩子的广泛兴趣与爱好，在不影响孩子学习的前提下，可引导孩子学习绘画、下棋、弹琴等，以逐步培养孩子豁达的性格。

5. 转移孩子的注意力与松弛训练。在孩子生气时，父母除了表示对他的理解与关怀外，还要尽量转移他的注意力，引导他做些愉快的事情。对大一些的孩子可通过各种体育活动来达到其精神与身体的放松。有规律地深呼吸也有助于孩子身心松弛。

6. 及早发现孩子发脾气的苗头。发现孩子发脾气的苗头后，父母要鼓励孩子把心中的不快倾吐出来。一旦发现孩子的情绪有变为发怒的可能，父母应立即提醒他，并搞清是哪些事情正在困扰着孩子，并向孩子提供一定的帮助。

7. 让孩子有适当发泄的机会。假如孩子的坏脾气已经形成，第一，可以采取冷处理方式，在其发脾气时故意忽视不理，让他慢慢冷静下来。第二，可以选择适当的方式让他发泄出来。如通过交谈帮助孩子把怒气宣泄出来，或者让孩子去跑步，或去大声地唱卡拉 OK 等。

孩子有意见，允许他争辩

父母在教育孩子时，往往会遇到孩子回嘴、反驳、顶撞等。面对这种争辩，做父母的该如何处理呢？明智的做法是给孩子争辩的权利，认真地听取争辩。这样做，主要的好处有两个：其一，从孩子的争辩中，做父母的可以了解到其发生某种错误行为的背景、条件以及心理动机等，可针对性地进行卓有成效的教育；其二，让孩子争辩，也就为做父母的树了一面镜子，父母通过听取子女的争辩检验自己的教育方法是否得当，说得是否在理，发现不妥之处可以及时进行调整。

孩子争辩时，常常是他们最得意时。这时也是孩子最来劲儿、最高兴、最认真的时候，对他们的大脑发育是有好处的。同时，这样还可以营造家庭的民主气氛，增强孩子各方面的能力。研究发现，这样的孩子具有很强的交际能力与其他方面的能力，对将来的发展是大有好处的。

因此，父母应该树立一种观念，允许孩子争辩，这不是什么丢面子的事。父母认为，假如允许孩子争辩，孩子就会不听话，不尊重自己，让自己为难，这种想法是极为不正确的。允许孩子争辩，对两代人都有好处，因此，父母要善于研究学习，让争辩发挥更大、更好的作用。

当然，允许孩子争辩是应遵守规则的，换言之，就是不允许他们

胡搅蛮缠，随心所欲，而是在讲道理的基础上进行的。假如孩子违反了争辩的规则，父母自然应该予以制止。值得提醒的是，父母是规则的制定者，因此，在制定规则时要从实际出发，要合乎孩子的实际情况，要合乎一般的道理，否则，这种争辩就是不平等的。

很多父母的实践说明，教育孩子时，允许孩子争辩，孩子常常会讲出一通令父母受益的道理来。

给孩子争辩的权利，这对很多做父母的来说并非轻易就能做到的，他们在教育孩子的时候，往往是只能我说你听，哪能容孩子争辩。因此，给孩子争辩的权利，需要做父母的克服自以为是，唯我是从，只准说是，不准说不的单向说教的思维定式，换成尊重孩子，鼓励争辩，勇于自以为非，善于双向交流的思维方式；改变轻则呵斥，重则棍棒的粗暴行为，养成重科学，讲民主，以理服人的良好习惯。

心理学家经过科学调查得出了这样的结论：能够同父母进行真正的争辩的孩子，在今后的日常生活中，会比较自信、富有创造力、更为合群。

因此，父母应该为孩子的争辩创造一种宽松、平等的氛围。在争辩的过程中，父母应循循善诱、以理服人，不要以为孩子与父母争辩是对长辈的不敬。

如何提高孩子的争辩能力呢?

1. 刺激孩子智力的发展。孩子勇于与父母争辩的直接原因是他们语言能力的进步与参与意识的觉醒。在争论的时候，孩子必须根据自己对环境的观察分析，选择、运用学到的词汇与表达的方式，试图有条理地表达自己的欲望，挑战父母。这无疑有利于刺激孩子语言能力的发展。

2. 帮助孩子增强意志。争执能帮助孩子变得自信与独立。在对抗中的孩子感觉到自己受到重视，知道怎样才能贯彻自己的意志。孩子与父母争辩后注意到，“父母并非总是正确的”。辩论的“胜利”，无疑使孩子获得一种快感与成就感，既让孩子有了估量自己能力的机会，也锻炼了他们的意志力。

孩子任性，因势利导才有效

我们经常听到一些家长抱怨：“唉，我家孩子就是任性得很，不好带。”其实，任性是每个人童年时代都会出现的情况。孩子的任性并不可怕，关键是父母采用什么样的教育方法。教育任性的孩子不能专门依靠所谓的“摆事实讲道理”，因为很多任性的孩子是不能理解父母的大道理的。所以有必要提醒家长们一句：因势利导，投其所好，才是对付这种孩子的最好方法。

有的爸爸会这样说：“我的两个孩子就是不一样。一个顽皮得要死，不听话闹得要命；一个很听话，很好带，不大吵闹。”言外之意，就是有的孩子任性，有的孩子就不任性。这话有一定的道理，因为每一个孩子都有他自己的需求及个人特有的气质和性格。这些因素在每个孩子的身上各不相同，尽管他们是亲兄妹和亲姐弟。

孩子小的时候，还没有确立起是非的概念、好坏的标准。他并不知道他的要求是不合理和超越了常规的。譬如爸爸白天上班去了，孩子白天一天没有看见爸爸，于是爸爸下班一回来，孩子就吵着要爸爸抱。甚至到了该睡觉的时候，他也不去睡觉，当然也不让爸爸睡觉，

死死地缠住已经工作了一天、十分疲惫的爸爸，还要爸爸抱着他在屋子里走来走去。爸爸累了，走不动了，把他放进小床，他就又哭又闹起来。爸爸气急了，训斥他。其实，他何尝是瞎吵？他只是因为一天没有见着爸爸了，他需要和爸爸的亲昵。至于爸爸上了一天的班，已经工作了八个小时，累了，他当然不懂，也不理解。孩子的这种任性难道不是一种自然的要求，合理的要求吗？

又如有的孩子，吃饭的时候专挑好的吃，而且他喜欢吃的就不许别人动筷子，否则就闹个没完没了，这也是孩子任性的表现。但是当孩子有这种表现时，做家长的绝不应因为孩子哭闹就火冒三丈，大发雷霆。当然，也不能听之任之，迁就姑息，或者像有些老人做的那样：就让孩子一个人吃吧！反而应当开始警惕注意：孩子的这种不良表现，是不是由于过去一段时间自己放松了对他应有的教育？或者这才是一个开头？不管是前者，还是后者，孩子的这种表现都给家长们敲响了警钟：是应该有意识地培养孩子良好的生活习惯了，是应该开始教育孩子怎样做人了！

当然，孩子很小，要培养孩子良好的生活习惯，教育孩子如何做人，不能光靠说理，那样孩子是接受不了的，也是不现实的。比较可行的方法应该是，发现孩子的良好表现，并通过表扬这些表现来巩固孩子的良好行为，进而培养孩子的良好习惯。具体地说，在孩子在吃糖果时，遇到了其他的小朋友，爸爸妈妈应该叫孩子把糖果分给小朋友吃。如果孩子这样做了，就应该立即给予表扬：“宝宝真乖。这样做伯伯阿姨就喜欢你！”因为孩子最快乐的就是能得到别人的喜欢。

家中吃水果，可以先要孩子送给爷爷奶奶或爸爸妈妈，有哥哥妹妹的还可以叫孩子把水果送给哥哥妹妹，然后再自己吃。在孩子送水果给老人们的时候，爸爸妈妈就可赞扬说：“啊，我们的宝宝真懂礼

貌！真乖！真是乖孩子！”在表扬时，爸爸妈妈应该面带笑容，做出亲热的表示。父母及时的夸奖能促使孩子重复这些良好的行为，进而养成尊敬老人，尊敬父母和兄长，与小朋友和睦相处的良好习惯。

与此同时，爸爸妈妈应该注意尽量消除妨碍孩子形成良好习惯的一切消极因素。放纵、姑息、迁就是一切不良习惯的根源。

有的父母见孩子喜欢吃什么，就不允许家中别人再吃，这样无意间就鼓励了孩子的自我中心和利己主义，于是他就对好吃的东西进行了垄断，不许别人沾边。水果别人不能吃，甚至爷爷奶奶吃了他也都要吵要闹。吃饭的时候，好菜只能他一个人吃，而且要放在他面前。孩子一旦有了这种不良习惯，家长就必须进行批评，指出这种行为的错误。反之，如果发现了这种开头，爸爸妈妈仍付之一笑，甚至故意逗弄孩子："不让爸爸吃，对吧！那么孩子没有明确的是非，当然只会变本加厉，最后不可收拾。”

这就是为什么说爱必须是严格的。严是爱的表现形式之一，没有真正严格的要求，也就不会有真正的爱。所谓“爱之愈深，责之愈切”就是这个道理。严格要求孩子，就是在他们懂道理的基础上向孩子不断提出合理的要求，并且在生活实践中坚持执行。

不过，话又说回来，严格要求孩子，做起来却并不那么容易。原因就是父母总喜欢或容易原谅孩子，对孩子的一些不太好的行为与言论给予宽容，而不能够真正及时纠正或及时提出。同时，做父母的也并不都懂得：爱就必须严。

其次，爸爸妈妈在培养孩子良好的习惯时，必须要有连贯性。当我们固定的某一人培养和教育孩子时，教育的连贯性比较容易做到。当一个孩子由周围或家庭里几个人：爸爸、妈妈、奶奶或还有阿姨几个人同时负责培养时，由于每个人有各自不同的观点，没有统一的认

识，在培养孩子上就会步调不一、宽严不一。它的具体表现就是许多家庭中常出现爸爸、母亲与奶奶、爷爷的矛盾。爸爸妈妈想严格要求，爷爷奶奶要庇护。这时就要求爸爸妈妈做好大家的工作，力求在教育观念上达成一致。

要想把孩子教育成一个真正对社会有益的人，培养孩子的良好性格，爸爸妈妈必须精心注意孩子的成长。这里既有生理上的成长，同时也有心理和精神上的成长。注意孩子的言行表现，从小培养孩子良好的道德品质，在萌芽阶段纠正孩子的不良品性。

孩子犯了错，用温和的态度点拨

其实孩子有了委屈、疑难的问题时，也愿意向家长请教，孩子犯了错误时并不拒绝父母的管教，只是他们无法接受一些家长的教育方式：严厉的斥责只会让孩子感到委屈难过。而家长斥责孩子的话即使再有道理，再有深意，孩子也不会去反省什么，因为他的心已经被愤怒和不平占据了。

要让孩子改正错误，那么一顿严厉的斥责就够了，只不过相同的错误，孩子很可能以后还会再犯；要让孩子深刻认识到自己的错误，真正地反省，那么，家长就得运用点拨的手段，让孩子明白其中的道理，并自觉地规范自己的行为。

那么，怎样才能成功地点拨孩子呢？教育学家认为父母的态度和

方式很重要。如果父母板着脸，不停地向孩子说教，那么即使父母的话字字珠玑，孩子也是听不进去的，更别说自行从中悟出道理了。因为父母的严厉态度让孩子感到害怕，父母的说教让孩子产生厌烦，这样做是根本无法达到教育目的的。

教育学家建议，父母应用温和的态度，在与孩子的探讨中启发孩子、点拨孩子。

乐乐是个非常调皮的男孩，上小学四年级。每天放学后，乐乐总是不做作业，放下书包就跑出去玩。为此，爸爸总是训斥他，有时还打骂他，可他却总也不改这毛病。有时在爸爸的强迫下，勉强坐下来做作业，可总是不专心，而且做得马马虎虎，错误很多，爸爸拿他也没办法。

有一天，乐乐的姑姑到他家来，正好看到哥哥因为做作业的事在训斥乐乐，可乐乐很倔强，不管爸爸怎么说，他就是不开口，也不去做作业，气得爸爸要打他。姑姑见此情景，对乐乐爸爸说：“大哥，我来和他谈谈。”乐乐的姑姑是个教师，她把乐乐带到他的房间里，摸着他的头问：“乐乐，在外面玩得开心吗？”乐乐说：“也不是特别开心。”“那爸爸让你做作业，你为什么不做？”“爸爸对我太凶了，总是骂我，我就是不做，故意气他。”“那你觉得完成作业再去玩好，还是玩过再做作业好呢？”乐乐不说话，姑姑又说：“你是不是也觉得做完作业再去玩，心里没有压力，也不用听父母的责备，会玩得更开心？”乐乐点点头。“姑姑知道，乐乐是个懂事的孩子，聪明也爱学习，就是爸爸妈妈不催，你也会主动完成作业的，是不是？”乐乐点点头，走到书桌前，打开书包，开始做作业，而且特别认真。

乐乐爸爸由此认识到了自己以前的做法是错误的，由于对乐乐粗暴的态度让孩子反感自己，越来越不听自己的话。从此以后，乐乐的父母改变了态度，不再严厉地责备他，而是以温和的态度对待他，乐乐变得懂事了，学习成绩也有了很大的进步。

其实，家长们应该想到，既然想点拨孩子，就得让孩子先接受自己，实现良好的亲子沟通，这样孩子才能接受你的想法。另外，点拨就是让孩子自觉产生正确的想法，这是需要家长的诱导而不是灌输。

父母以温和的态度来对待孩子，是对孩子的尊重，也是高明的教育方法。家长只有掌握了这一点，才能成功实现与孩子的良好沟通。

1. 温和的态度让孩子不惧怕交流

爸爸妈妈以温和的态度对待孩子，孩子在面对爸爸妈妈时就不会因为害怕而紧张、恐惧，也不会因为反感大人的训斥而产生对抗甚至仇视的心理，孩子会用一种平静的心情和爸爸妈妈交流，会认真听取爸爸妈妈的意见，也只有在这种基础上，点拨才能发挥效用。

2. 温和的态度鼓励孩子说出真正的想法

当爸爸妈妈以温和的态度对待孩子，与孩子平等地交流时，孩子觉得自己受到了爸爸妈妈尊重，而爸爸妈妈的眼神、鼓励的话语，也会让孩子产生倾诉的欲望，使孩子会把自己内心的想法都告诉父母。

3. 温和的态度拉近亲子距离

态度体现了一个人的修养，与人交流时用什么样的态度，体现了一个人的修养如何，即使是父母在与孩子沟通时也不可忽视这个问题。温和的态度是一个人良好修养的体现，温柔的眼神、微笑的表情拉近了父母与孩子的距离，使孩子乐于亲近父母。

爸爸妈妈们要记住，点拨的重点在于提示、引导，而不是灌输，因此一定要把握自己的态度和教育方法，这样才能让孩子产生自觉的行动，达到教育的目的。

辑五
赏识教育，把爱的信息传递给孩子

好孩子是夸出来的。真心赏识孩子，就如一剂甜甜的良药，能激励孩子不断奋进，能帮助孩子找回自信心。孩子内心有着强烈的受赞欲，再差的孩子心中都有成为好孩子的欲望。

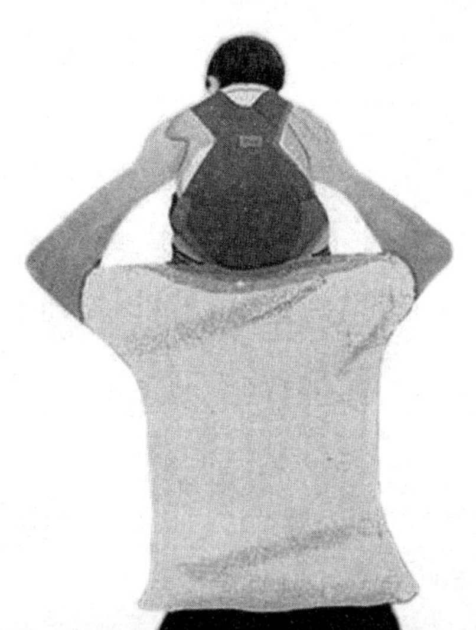

你懂赏识，孩子就可能成为天才

法国教育家埃尔维修说：“即使很普通的孩子，只要教育得当，也会成为不平凡的人。”这也就是说，每个孩子都有“天才”的潜能，关键是父母能否正确发掘，因此作为父母的您就需要在孩子成长过程中，不断开发孩子的天赋，激发他们的自尊心和自信心。

毕加索出生于1881年，他的父亲何塞是个非常开明的人。有一天，他发现3岁的毕加索居然在一张纸上画上了妈妈怀孕时的样子，何塞认为自己的儿子在绘画上是非常有天赋的。然而，有着惊人绘画天赋的毕加索在循规蹈矩的学校里，根本就算不上社会所认定的那种好学生。只有在画画时，毕加索才表现出惊人的耐力，他可以一连几个小时不放下画笔，与他在课堂上的表现判若两人。同学们对着毕加索大喊：“呆子，二加一等于几？”而老师则认为毕加索根本就不具备学习的能力，还多次跑到毕加索父母面前，数落他的“痴呆症”症状。毕加索受到了自卑的困扰。

幸运的是，毕加索有个赏识自己的父亲，何塞并没有对自己的儿子失望，而是认定儿子的绘画天赋会让他成为一个不平凡的人。何塞想，与其让孩子在正统的学校教育中一无所获，还不如让毕加索在他热衷的绘画上有所成就。于是，何塞决定把毕加索送到当地有名的美术学校，并亲自担任儿子的辅导老师。

正因如此，在艺术的长廊中，毕加索的名字才与达·芬奇齐名。

不是每个孩子都能有何塞这样开明的父亲，很多家长往往被孩子表面上的成绩所蒙蔽，认为自己的孩子“脑瓜儿不够聪明”。然而，美国人类潜能开发专家葛兰·道门医生认为：每一个正常的孩子在其出生的时候都具有莎士比亚、爱因斯坦、牛顿等人那样天才的潜能，关键是后天能否把这种潜能发掘出来。

不要怀疑这种说法，美国著名心理学家罗森塔尔的一项试验证明了这一点。

罗森塔尔和助手来到美国东部的一所小学，声称要进行一个“天才测验”，首先，他给全校学生做了一次智力测验，测验后，他并没有给那些测试卷打分，而是随机抽出了 20 名学生，并以赞赏的口吻告诉老师，这些学生的智商都在 130—140 之间，属于天才少年，是非常优秀的孩子，在学习上具有极大的潜力。尽管这 20 名学生中有不少是不爱学习的孩子、逃课的孩子、表现平庸的孩子，但大家都对罗森塔尔的话深信不疑：这些孩子都是高智商的天才，只不过没有发挥出自己的潜能。根据罗森塔尔的要求，校长又把三位老师叫进办公室，对他们说：“根据过去三四年来的教学表现，你们是本校最优秀的、最有潜力的老师。为此，我们特别挑选了这批全校最聪明的学生让你们教。这批学生的智商比同龄的孩子都要高，希望你们取得更好的成绩。”

一年后，罗森塔尔再次来到这所学校，奇迹出现了。凡被认为是“最优秀的”学生，成绩都有了较大的进步，且各方面都表现得很优秀。被赏识的学生在智商上有了明显的提高，这一点在智商中等的学生中表现得尤为显著。从教师所做的行为和性格鉴定中可知，被赏识的学生表现出了更强的适应能力，更大的魅力，更强的求知欲。

这时候，校长告诉老师们真相：这些学生并不是刻意选出来的，

而只是随机抽选出来的普通学生。三位老师万万没有想到事实会如此，只有归功于自己教育得好。

校长没有告诉他们另一个真相：他们三个也是在教师中随机抽选出来的。

这真是一个非常有趣的实验，罗森塔尔的谎言使老师们相信那些被指定的孩子都是有前途的天才儿童，于是便自然而然地对这些孩子寄予了更高的期望和热情。接着老师的信任和热情又感染了这些孩子，于是他们变得更加自尊、自信、自强，结果在各方面都取得了异乎寻常的进步，真的就如同众人所期望的那样，成了天才儿童。

罗森塔尔的实验是非常有意义的，它向家长们表明了这样一个道理：每个孩子都可能成为天才，但要让孩子真正成为天才，家长就要像对待天才一样欣赏他、教育他。有的家长可能会说，我的孩子一次也没有考过好名次，既不会演讲，又不会唱歌跳舞，即使我要像培养天才一样培养他，也无从着手啊！

这种情况下，各位家长就有必要灵活运用“强计”，你不一定非要发掘出孩子在文学、艺术等方面的天赋，重要的是激发他们的自尊心和自信心，不要让他们陷入自卑的境地。

河南安阳市的少先队组织，曾在教育专家韩凤珍的指导下，开展过“我之最”活动，即让每个孩子都亮出各自的“绝招”“绝才”“绝优”“绝长”，收到了良好的效果。许多被人瞧不起的孩子或那些被忽视的“灰色儿童”，也纷纷登台露了一手儿，有的剪纸、有的爬树、有的驯狗、有的动耳朵、有的讲历史知识、有的滑旱冰，等等。孩子们由于显示了自己超人的本领，自信心大增，彼此之间也开始刮目相看了。

韩凤珍说：“所有难教育的孩子，都是失去自信心的孩子。所有好教育的孩子，都是具有强烈自信心的孩子。教育者就是要千方百计地保护孩子最宝贵的东西——自信心。这是切断后进生生源的重要手段。那么，怎么培养孩子们的自信心呢？我想，一个不可忽视的途径，就是给每个孩子创造表现能力的机会，让他们都尝到成功的喜悦。”

当然，总会有一些孩子实力相对弱一些，甚至几乎找不出什么特长绝招。但是，许多学校开展了“让每个学生拥有一项特长”的活动，通过挖掘潜力和技能培训，使孩子们普遍增强了实力和信心。

不要小看了这种活动，当孩子有一项比别人强的“特长”，就能焕发出自信心，便会觉得只要自己肯去做，一定不会比别人差。而这种自信心也会延伸到其他领域，使孩子更具积极性。因此，父母应尽力挖掘孩子的优势潜能，不论是在学习还是在个人爱好方面，有了优势潜能，孩子就会拥有信心。

总之，当你看到邻居的孩子表现杰出，自己的孩子却成绩平平时，千万不要埋怨自己的孩子一无是处。要相信你的孩子也是个潜在的天才，只是暂时被压抑了，只要你愿意付出关怀和爱，你的孩子也会是一个光芒四射的天才。

孩子不可能事事高人一筹，不要因为孩子在某方面的表现不理想而烦恼，应随时随地对他的优点加以赞赏，充分发掘孩子的潜力，坚持下去总有一天你的孩子也会成为天才。

得到欣赏，“坏孩子”也能大变样

中国的父母相信对孩子一定要严管，因此当孩子在学习或生活方面做得不尽如人意时，他们就会抱怨，就会责骂孩子。然而这样做究竟有何益处呢？孩子会说，反正我就是没出息了，怎么做也没有用。因而自暴自弃，一蹶不振。这样的结果一定不会是父母们希望看到的。

有这样一对父母，他们都是受过良好教育的人，他们的孩子非常聪明可爱，可就是有点贪玩不爱学习，于是这对父母就每天训斥孩子“没有用处，简直是个废物”！弄得孩子信心大失。有一次，这个孩子考了一个不错的分数，他兴高采烈地把试卷拿回家去，结果爸爸说：“这真是你自己做的吗？”妈妈斜着眼看他说：“不但学习不好，小小年纪还开始说谎了！”结果孩子垂头丧气地走了，从此以后他果然没有再考过好的分数。那对父母就像是得胜的预言家，对着孩子唠叨着：“早就说过你不行吧！看你那点出息！”

这是一对多么可悲的父母。心理学家的研究表明：这类父母之所以认为自己的孩子“不是那块料”，实际上是自己没有识才的眼光与水平。自卑的父母都望子成才，由于不懂，甚至不相信自己能育子成才，因此就用“不是那块料”的恶棒，把自己与子女都毁掉了。要知道，即使是荆山之玉，尽管很美，也需要识别、雕琢，否则也不会成才的。

当你在责骂孩子时，你就是在不断向他施加心理暗示：你不行的，

你不会成功的。试想一下，幼小的心灵怎能抵得过这样的“咒语”，在这样的情况下，孩子不变成庸才才怪。相反，如果你能常常热情地鼓励孩子，孩子就会下意识地按照父母的评价调整自己的行为，直到达到父母的期望为止。

这里有一个关于著名成功学家拿破仑·希尔的故事。拿破仑·希尔小时候曾被认定为是一个坏孩子。玻璃碎了，母牛走失了，树被莫名其妙地砍倒了，每个人都认定是他干的，甚至连父亲和哥哥都认为他是个无可救药的坏孩子。人们都认为母亲死了，没有人管教是拿破仑·希尔变坏的主要原因。既然大家都这么认为，他也就无所谓了，于是变得更加肆无忌惮。

有一天，父亲说给他们找了一个新妈妈，大家都在猜测新妈妈会是什么样的。而拿破仑·希尔却打定主意，根本不把新妈妈放在眼里。陌生的女人终于走进家门，她走到每个房间，愉快地向每个人打招呼。当走到拿破仑·希尔面前时，他就像枪杆一样站得笔直，双手交叉在胸前，冷漠地瞪着她，一丝欢迎的意思也没有。

“这就是拿破仑·希尔，”父亲介绍说，“全家最坏的孩子。”

令拿破仑·希尔永生难忘的是继母当时所说的话。她亲热地把手放在拿破仑·希尔肩上，看着他，眼里闪烁着光芒。“最坏的孩子？”她说，“一点也不，他是全家最聪明的孩子，我们要把他的本性诱导出来。”从此以后，拿破仑·希尔正如他继母所说的那样，成了全家最聪明的孩子。

继母造就了拿破仑·希尔，因为她相信他是个好孩子。

强者来自父母的不断赞美，做父母的应该勇于承认差异，并鼓励孩子逐步缩小差异，不要一味地抱怨这不好那不行，对孩子进行有百害而无一利的伤害，把本来活泼可爱的孩子变成没有理想、没有志气、

庸庸碌碌过一生的人。

1. 用赏识的眼光观察孩子

在日常生活中，务必注意孩子的行为举止、好恶，在他与别人玩耍、交谈、阅读时观察他，你就会发现你的孩子虽不爱弹琴却喜欢绘画，虽没耐心却有创意，虽不善言辞却很热心，总有他优秀的一面，记下孩子的性格倾向，从而更好地诱导他。

当父母用赏识的眼光来看待自己的孩子时，会发现他们魅力四射。

2. 创造机会鼓励孩子

赏识不是停留在口头上的赞美，而是一种行动，父母应多给孩子创造发挥他们才智的机会。比如家里人过生日时，鼓励孩子们表演节目；每周一个晚上轮流朗诵短文并发表心得；每月办一次派对，邀请孩子的朋友参加，每人献出一个绝活……

此外，随时找机会让孩子帮你忙，洗碗、拖地、收衣服……越做越有信心，孩子才不会退缩在自卑自闭的角落里。

3. 多给孩子一点时间

赏识就是一种宽容，既然给孩子机会，就需耐心等待孩子发挥潜力。有些父母嫌孩子做不好事，干脆自己来，孩子也乐得坐享其成，而让自己的“天资”睡着了。另一些父母，当孩子一时达不到自己的要求时，就一味地指责、批评，孩子的潜能就被压抑了。

4. 不要吝惜你的赞美

当孩子取得一定的成绩时，给他赞美和鼓励的掌声，因为即使是个天才，也同样需要成功的体验来积累信心。

爱“难看”的孩子才是真正的爱

父母对孩子的影响力是无与伦比的，如果父母告诉孩子“你是最棒的”！那么孩子就一定会相信自己是有前途的，随之变得更加自信、自强。因此即便你的孩子不那么优秀，作为家长，你不妨也给孩子一个善意的谎言，把你的孩子变成天才，让他们在各方面都取得异乎寻常的进步。

心理学家曾做过这样一个实验，他让一个爸爸将自己的孩子带到一个温度在 20 摄氏度左右的房间中，再让爸爸告诉孩子，房间的温度会慢慢降低到摄氏 12 度，这样孩子慢慢地可能会觉得冷。说完这些话后，爸爸把孩子一个人留在那个房间。心理学家从摄像头中看到，孩子缩着脖子，后来把手也缩到衬衫袖子里去了，而且还打起了哆嗦，最后孩子拼命敲门。出来后孩子对爸爸抱怨说，那个房间实在太冷了！而事实上，那个房间的温度并没有降低过，始终是 20 摄氏度。这样的试验，又在其他孩子身上做了几遍，情况都是相同的。

我们看，爸爸的谎言对孩子起到了多么强烈的暗示作用，因为爸爸告诉孩子房间温度将会降低，孩子就接受了这种暗示，他们甚至会因此“冷”得打起哆嗦！这实在是太奇妙了，儿童心理学家因此建议说，如果家长能把这种效应用在教育孩子方面，那么一定会给孩子带来非常好的作用。

一个年轻的爸爸第一次参加家长会，他满怀期待，老师会怎样评价自己的孩子呢？轮到他了，幼儿园的老师说：“你的儿子可能有多动症，在板凳上连三分钟都坐不住，你最好带他去医院看一看。”

回家的路上，儿子高兴地问爸爸，老师都说了些什么？他心里很不是滋味，因为全班28个小朋友，唯有他的儿子表现最差；唯有对他的儿子，老师的评价不那么好。然而，他还是告诉儿子：“老师表扬你了，说宝宝原来在板凳上坐不了一分钟，现在能坐三分钟。其他家长都非常羡慕爸爸，因为全班只有宝宝进步了。”

那天晚上，孩子破天荒地吃了两碗米饭，并且没让爸爸妈妈喂。

转眼儿子上小学了。家长会上，老师说：“这次数学考试，全班43名同学，你儿子排第41名，而且他的反应奇慢，我们怀疑他智力上有些障碍，您最好能带他去医院查一查。”

回去的路上，他坐在街心的长椅上闷闷地抽着烟。然而，当他回到家里，却对坐在桌前的儿子说：“老师对你充满信心。他说了，你并不是个笨孩子，只是有点马虎，要是能细心些，会超过你的同桌，这次你的同桌排在第23名。”

说这话时，他发现儿子黯淡的眼神一下子充满了光，沮丧的脸也一下子舒展开来。他甚至发现，儿子好像长大了许多，第二天上学，也没用爸爸妈妈叫他起床。

孩子上了初中，初三时，他又去参加儿子的家长会。他坐在儿子的座位上，等着老师点儿子的名字，因为每次家长会，儿子的名字在差生的行列中总是被点到。然而，这次却出乎他的意料——直到结束，他都没有听到。他有些不习惯，临别时特意去问老师，老师告诉他：“按你儿子现在的成绩，考重点高中有点危险。”

他怀着惊喜的心情走出校门，此时他发现儿子在等他。路上他扶

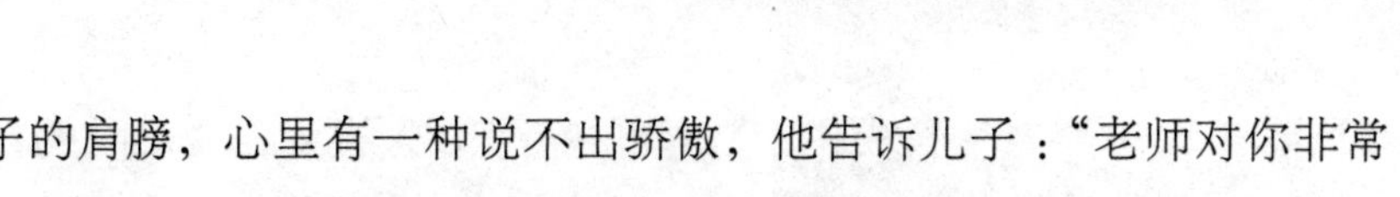

着儿子的肩膀，心里有一种说不出骄傲，他告诉儿子："老师对你非常满意，他说了，只要你努力，就一定能考上重点高中。"

后来，儿子从重点高中毕业了。第一批大学录取通知书下达时，学校打电话让他儿子到学校去一趟。他有一种预感——儿子被北京大学录取了，因为在报考时，他对儿子说过，他相信他能考上这所大学。

儿子从学校回来，把一封印有北京大学招生办公室的特快专递交到他的手里，突然转身跑到自己的房间里大哭起来，边哭边说："爸爸，我知道我不是个聪明的孩子，可是，这个世界上只有你能欣赏我……"

这时，他悲喜交加，再也按捺不住十几年来凝聚在心中的泪水，任它打在手中的信封上……

没有一个孩子会在批评贬低声中对学习产生兴趣。这位伟大的父亲一直在"骗"自己的孩子，然而他善意的谎言却给他的孩子带来了信心和勇气，年幼的孩子相信了爸爸的话，爸爸一直都在用语言、用行动暗示他："你是最棒的孩子！"

其实每一个孩子都可能成为天才。但一个孩子到底能不能成为天才，取决于家长能不能像对待天才一样爱他、欣赏他、教育他，能不能给他一个天才的感觉。比如说破世界纪录的运动员们，在开始比赛前，几乎都有一种预感，觉得自己的状态很好，能赛出好成绩，而且现场热烈的气氛对他们的情绪高涨也起了很重要的作用。通过这些激励和心理暗示，运动员的自信心得到增强，最大限度地发挥了自己的潜能。这种精神对物质的鼓励作用，是决定一个人成就大小的重要因素之一。对于父母来说，鼓励孩子并且为孩子未来的发展前景考虑，为他们提供最适当的教育方式，这才是教育的最佳体现。

前苏联教育家赞科夫说：“漂亮的孩子人人喜爱，爱难看的孩子才是真正的爱。”同样，赏识和喜爱优秀的孩子是每位家长都能轻而易举做到的，但是，我们目前所谓的好孩子毕竟只有很小一部分，更多的孩子则属于“普通孩子”甚至“顽劣的孩子”，对于那些没有达到父母预期效果的“坏孩子”关爱才是真正的雪中送炭，他们更需要格外精心的关爱和呵护。对这样的孩子，家长必须更多地激励，让他们相信，自己确实是最出色的孩子。而一些教育学家也通过实验证明了，对于任何一个孩子，只要他所崇拜的人给他热情的肯定，就能得到希望的效果。也就是说，孩子的成长方向在很大程度上来自父母的期望，你期望孩子成为什么样的人，他就可能成为什么样的人。因此，在孩子表现得不那么尽如人意时，家长们就可以利用心理暗示鼓励孩子，用善意的谎言把孩子的心理调整到一个最活跃的状态，使孩子真的如自己期望的那样达到一个个目标。

让孩子感到，他是最幸运的人

每个孩子都是好孩子，都可能成为有用之才，只要爸爸妈妈能够让他找到自信的感觉、成功的感觉，然而生活中，并不是每个孩子都有机会体验到这种滋味，有的孩子可能成绩不好，无法获得老师的表扬；有的孩子运动不好，从未得到过象征荣誉的锦旗，有的孩子其貌不扬，无法赢得人们的喜爱……这种失败的感觉对孩子来说是极其糟

糕的，它很可能会导致孩子产生自卑心理。因此，爸爸妈妈有时很有必要帮助孩子找回自信。

在一个贫寒的家庭，爸爸靠着微薄的工资养家，一家人相依为命。家中唯一的儿子既懂事，又听话，可是不像一般孩子那么活泼，无论做什么，他都有一些畏缩，也许是因为过早品尝到了生活的艰辛，因而对自己缺少自信。

有一天，儿子眉头紧锁，显得心事重重。爸爸把一切看在眼里，他关切地问儿子发生了什么，儿子起初怎么也不肯说，他不想为难父母，最后在爸爸一再询问的情况下，才吞吞吐吐地说："同学们都有自行车，只有我没有……"

爸爸沉默了，因为家里实在没有多余的钱买自行车。

过了几天，儿子惊喜地跑回家，对爸爸说："爸爸，给我一块钱吧。我要玩转盘游戏，转盘上有自行车。"

爸爸看着儿子渴望的眼神，没说什么，把钱给了儿子。

儿子欢天喜地地去了，不久便垂头丧气地回来了。

"我果然是世界上最不幸运的人，早该知道买也没用的。"儿子忧郁地嘟囔着。

爸爸意识到自行车对儿子的重要性，若有所思地转身走了。

第二天，爸爸让儿子再去试一次运气。儿子有点迟疑，但在爸爸鼓励下，还是拿着钱去了。这回，幸运降临了，儿子一蹦一跳地跑回家，对爸爸说："我中了，我转到自行车了，我是世上最幸运的人，再大的困难也难不倒我了……"

十四年后，儿子事业有成，拥有了不菲的家产。只是那辆自行车他一直当作纪念品保存着。每当他受到挫折时，他都会想起自行车，想起他是世界上最幸运的人。

爸爸临终前，把儿子叫到床边说：“儿子，你知道那辆自行车是怎样抽到的吗？”

儿子困惑地看着爸爸：“玩轮盘中的呀！”

“不，这辆自行车是爸爸买的。我从亲戚朋友那里借钱买了那辆自行车。因为，我想给你一种感觉，让你觉得你是世界上最幸运的人……”

有这样一位懂得如何给孩子心灵激励的爸爸，他的确可称得上是“世界上最幸运的人”了。

也许有的家长已经发现，你的孩子小小年纪便神情忧郁。在学校里，热闹的地方找不到他的身影；在家里，他总是缩在自己的房间里，很少和你们说话。请提高警惕，因为你的孩子可能已经陷入了自卑的泥潭，他可能因为长时间没有受到激励，没有任何成功的体验，因此形成了一种消极的人格特征。如果让他带着这种情绪成长，走向社会，那么他就很可能成为社会惰性群体中的一员，当然也就很难取得什么成就。

自信对孩子来说是最重要的性格特征，它能使孩子对生活中的许多困难产生心理免疫力。而好家长的伟大之处就在于，他们总是能够运用一些方法帮助孩子树立自信心，让孩子相信自己是世上最幸运的人。

总而言之，爸爸妈妈一定要记住，让孩子成才的关键，就是要帮孩子找到那种自信的感觉，只要你用心，你就可以轻松做到这一点。你可以这样：在孩子成绩取得一些进步时，热烈地为他祝贺；当孩子在手工制作或其他方面做得出色时，给孩子一个略显夸张的表扬，不要怀疑这种做法的作用，只要你能给孩子一份幸运的感觉，一种成功的体验，他就能成为世界上最幸运的人。

就算进步很小，也要及时表扬

孩子是非常敏感的，他们会把家长的鼓励当成他们前进的动力，因此，家长在发现孩子养成了不良习惯时，要及早为他指出来，告诉他正确的做法。而当孩子努力改正时，你就要肯定他，哪怕孩子只取得了一点小进步也要为他鼓掌。

在洗手间里，妈妈发现儿子刷完牙后又把牙膏随便扔在漱口杯外面。

妈妈非常生气，把壮壮叫到身边，不满地说："壮壮，你应该可以照顾自己的生活了吧！看，又把牙膏放在外面了。我不是对你说过牙膏用后要放到杯子里吗？"

壮壮根本没有把妈妈的话当一回事儿，只是心不在焉地回答："知道了。"

妈妈见儿子反应平平，知道刚才说的话并未引起他的重视，于是冲他喊道："听着，壮壮，你必须把牙膏放进漱口杯里！"

壮壮极不情愿地走进了洗手间，放好了牙膏，转身就走。

"记好了，以后再也不要忘了。"妈妈再次强调。

"知道了。"

第二天，壮壮在刷完牙后，将牙膏认真地放到杯子里了，但妈妈什么都没有说。到了第三天，牙膏又被扔到了杯子外面。

“喂，壮壮，怎么搞的，你又忘了把牙膏放回去?”妈妈生气地说道。

“我以为你忘记了。”壮壮说道。

“怎么这么说呢?”母亲疑惑地望着儿子。

“因为昨天我把牙膏放在杯子里了，而你却什么也没有说!”

壮壮为什么又犯了老错误呢?因为当他改正后没有得到妈妈的肯定和重视，因此他又泄气了。如果第二天，妈妈发现壮壮把牙膏放在杯子里后，亲热地对他说：“干得好，壮壮!妈妈知道你一定能改正坏习惯的。”那么壮壮一定会非常高兴，并愿意把好习惯坚持下去。

举这个例子就是为了说明，父母的鼓励对孩子的巨大意义。如果父母能重视鼓励的作用，灵活运用鼓励的手段，那么就能很轻松地帮孩子改正坏习惯。

9岁的卡特有个乱丢东西的坏习惯，他每天放学一回到家，就把他的书包、鞋、外衣扔到客厅的地板上，回到房间后，又把玩具丢得随处都是。虽然偶尔卡特也会按妈妈的要求把东西都摆放好，但大多数时间都是随地乱扔。对此，妈妈试过很多方法来矫正他这个毛病，但无论是提醒他、责备他还是惩罚他，都无济于事，卡特的东西仍旧堆在地板上。

在上述方法都不见效的情况下，卡特妈妈决定试试通过鼓励儿子的方法来使他改正毛病。

这天，卡特妈妈终于看到了卡特把自己的东西收拾得很整齐，她立即走上前去，轻轻地拥抱了一下卡特，高兴地说：“看!我就知道你不是个没规矩的孩子!你收拾得多干净啊!”卡特刚开始很吃惊，但很快他的脸上就充满了自豪。因为他将自己的东西带入自己的房间而受到了肯定和鼓励，于是在这之后，他就尽力去这样做，而他的妈妈也

记着每次都对他表示感谢和鼓励。

对于正在成长中的孩子来说，日常生活中的好习惯和坏习惯同时存在，如何鼓励孩子保持好习惯，矫正不良习惯，一直是困扰父母们的难题。如果适当运用“鼓励计”来做这项工作，事情就会变得容易得多。

教育学家的建议是，在某些时候，父母应忽视孩子的不良行为，将自己的预期目标分成小步骤，循序渐进地做，这样就能很容易地改掉孩子的坏习惯。也就是说，如果一个孩子有不良的生活习惯或行为，父母不应该对此抓住不放，而应该找到孩子偶尔没有此不良行为的时候对孩子予以鼓励。父母对孩子的每一个微小进步都能加以鼓励，即是对孩子的积极行为进行强化的最好方式。哲学上讲质变是由量变引起的，平时大量的细微进步，积累起来才可能有大的变化。因此，对于父母来说，要想让自己的孩子彻底改正不良习惯，就应该对孩子的点滴进步进行鼓励。

可是生活中，大多数家长往往不注意鼓励孩子的微小进步，他们对孩子的期望比较高，总希望孩子能一下子达到他们的要求。因而对孩子一些细小的进步并不是很注意，反应比较冷淡。

父母不要因为孩子的进步小，就不愿意给予鼓励，这会使孩子觉得家长对自己的进步漠不关心，认为自己的努力白费了。时间一长，孩子就会失去进步的动力，原来可以改变一生的进步也会因为得不到强化而消失。因此，无论孩子是在学习还是生活方面，只要孩子有进步就应给予建设性的鼓励，有好的表现就要加强鼓励的感情色彩。

鼓励孩子每一个微小的进步，就是在强化孩子的进取之心。不要吝惜你的鼓励，这是帮助孩子改正缺点必不可少的要素。

赏识教育，也要有规则和原则

教育学家认为，一些孩子自负，是由于受到了过多、过高的表扬，这使他们只看到了自己的优点，却看不到自己的缺点，因此一些信奉赏识教育的家长要注意了，不要无限度地、片面地表扬孩子，偶尔也要给孩子降降温，太多的表扬会让孩子得意忘形的。

下面，我们来看一看德国教育家卡尔·威特的教子方法：

一天，卡尔·威特带着他的儿子到一个朋友家参加聚会，而此时，他的儿子已经因为他的超常智力被广为称赞。一位擅长数学的客人抱着怀疑的态度想考考小威特。卡尔·威特答应了，但他要求那位客人不管小威特答得怎样，都不可以过分地表扬自己的儿子。因为老威特认为，自己的儿子受到的赞赏已经太多了，他很担心过分的赞扬会滋长孩子骄傲的情绪。

这位自以为聪明的客人一连给小威特出了三道数学题，但小威特的聪明越来越使他感到惊异。

每一道题小威特都能用两种以上不同的方法去完成。此时，客人已不由自主地开始赞扬小威特了，老威特赶紧转移话题，这样客人才想起了两人的约定。

但客人出的题越来越难，并最终走到他也难以驾驭的程度。客人非常兴奋，又拿出更难的题来“难为”小威特：“你再考虑考虑这道题，这道题是一位著名数学家考虑了3天才好不容易做出来。我不敢保证你能做出来。”

那道题是一个农夫想把一块地分给3个儿子，分法是要把它分成三等份，而且每个部分要与整块地形相似，这确实是一道很难的题。

对小威特说完题后，客人就拉着老威特走到走廊里，安慰他说：“别担心，你儿子再聪明，那道题也很难做出来，我是为了让你儿子知道世界上还有这样难的题才给他出的。”

可是，没过半小时，就听小威特喊道：“做出来了。”

“不可能。”客人说着就走了过去。

但事实不得不让客人赞不绝口地说：“真是天才，那么你已胜过大数学家了！”老威特连忙接过话说：“您过奖了，由于这半年儿子在学校里听数学课，所以对数学很有心得。”

客人这才领会到老威特的意图，点着头说：“是的，是的。”

不要认为卡尔·威特对孩子太严苛，事实上他是非常赞同赏识教育的。只不过他认为，表扬不可过多过高，不能让孩子情绪过热，过多的赞美会让孩子产生错觉，认为自己比任何人都要出色，将来他们就会无法经受挫折和批评。

卡尔·威特给父母们的忠告是：我们不能让孩子在受责备的环境中成长，但是也不能让他们整天泡在赞美里。卡尔·威特是这样说的，也是这样做的，即使小威特学得非常好，他也只是说到“做得不错”的程度，从不表扬过头。只有当小威特取得特别大的成就时，父亲才抱着亲吻他，但这是不常有的。因此，在小威特心目中，父亲的亲吻对他来说是非常可贵的赞扬。通过这种不同程度的表达方式，威特让小威特深深懂得获得赞扬的不易，也因此而更加努力学习，而不是沉浸在赞赏声中得意忘形。

还记得《伤仲永》吗？据专家们研究发现，不是经过早期教育而是靠天赋产生的神童，往往容易夭折。一些潜质很好的孩子之所以没能如愿地成为人才，正是源于孩子的骄傲自满、狂妄自大。世上再没有比骄傲自大更可怕的了，骄傲自大会毁掉英才和天才。

我们可以看看卡尔·威特写给儿子的一段话：

“知识能博得人们的赞赏，善行能得到上帝的赞誉。世上没有学问的人是很多的，由于他们自己没知识，所以一见到有知识的人就格外赞赏。然而人们的赞赏是反复无常的，既容易得到也容易失去；而上帝的赞赏是由于你积累了善行才得到的，来之不易，因而是永恒的。所以不要把人们的赞扬放在心上。喜欢听人表扬的人必然得忍受别人的中伤。被人中伤而悲观的人固然愚蠢，稍受表扬就忘乎所以的人更是愚蠢的。”

除此之外，他还不厌其烦地告诫自己的儿子：“一个人无论怎样聪明，怎样通晓事理，都不应该骄傲自负，因为他所拥有的知识与奥秘无穷的大自然相比，只不过是九牛之一毛，沧海之一粟。”

威特就是用这种“制冷”的手段来教育儿子防止他骄傲自满的，尽管这样做要花很大的工夫，但他最终还是获得了圆满的结果。

卡尔·威特做得最好的，也正是现实中一些爸爸做得最差的一点，这些爸爸总认为自己的孩子是最聪明的，尤其是知道了赏识教育的重要性后，更是无限度地赞美孩子，比如：“孩子，你真是太聪明了！”“孩子，你的作文写得真棒！比你爸爸现在写的还要好！”对孩子滥加表扬。然而当赞美之词成为极为常见的日常用语时，赞美的意

义也会随之逊色。过滥的赞美如同甜得过分的糖果，吃多了，就会让孩子生腻。

所以奉劝家长们，对于孩子的赞美一定要就事论事，而赞美优点的同时也要适当地泼点冷水——提醒孩子改正缺点，这样做一方面可以促进孩子进步，另一方面又可以防止孩子过分顺利而变得自负。

别让“物质奖励”使奖励变了味道

越来越多的家长已经意识到，运用鼓励的手段可以促进孩子进步。于是五花八门的“鼓励计”被用到了孩子身上，有些是精神上的，但更多地是物质上的。教育学家建议：教育孩子要以精神鼓励为主。

生活中，我们常看到这样的场景：“儿子，这次你要能考一百分，爸爸就送给你一辆最棒的模型车！”“你争气点儿，要是能进前三名，我就带你去游乐园玩！”这样的对话继续下去，若干年后，也许就会发展成这样：“我要是进了前十名，你们怎么奖励我？”“乖儿子，你要真进前十名，爸爸就带你吃麦当劳，随便你点！”“没意思！我不吃麦当劳！我要耐克球鞋！”“可是，你不是已经有一双了吗？”“我不管，我就要！不给我买，我就……”多么可悲！鼓励变成了贿赂，孩子却反过来勒索父母，这就是滥用物质鼓励的结果。家长们要知道，奖励是对孩子行为的积极评价，是教育孩子的一种重要手段。奖励运用得好，

不但可以增强孩子的自信心，而且还可鼓励孩子不断进步。但这种奖励孩子的前提却只能是“当孩子有了某种具体的、实质性的积极行为，而父母又希望孩子持续下去的时候，才给予孩子物质奖励”。那种随便许诺，张口就要请孩子吃麦当劳的做法，实质上不是在奖励孩子，而是明目张胆地贿赂孩子！

鼓励对孩子的促进作用是显而易见的，但家长们的必须明白，对孩子的鼓励并非一定都是物质上的、金钱上的，精神上的鼓励更能让孩子感受到来自父母的温暖。

邓超中学毕业后，以优异的成绩考上了一所市重点高中。接到通知书的那一天晚上，邓超问爸爸说：“爸，你和妈妈都答应过我，考上重点高中就给我个惊喜。怎么样？惊喜是什么呀？”

爸爸回答说：“我和你妈妈对你的确有那样的承诺。原来的计划是要去北戴河旅游，但现在我们要和你商量一下，是否可以不去旅游，把那笔钱省下来，以你的名义捐赠给希望工程……”邓超对爸爸的提议有点犹豫，妈妈接着说：“你能考上重点高中，我们都替你高兴！也觉得应当带你出去旅游一趟，表示我们的奖励。但我们慎重地想了想，觉得你刚上中学，今后的路还长着呢！

“尤其是想到我们自己的孩子能上重点中学，而一些贫困的孩子却连上学的权利都难以实现，因此……

“我们不强迫你，你可以考虑一下，哪个更有意义！”

“好吧，我们还是省下钱来捐赠给希望工程吧。今后我还要帮助更多的人！”

这种精神鼓励是非常有意义的，它既包含了激励因素，又不会让孩子产生唯利是图的不良心理，对孩子的成长有利无害。

但儿童心理学家也指出，精神鼓励也要努力处理好方式方法，这样才能使鼓励计发挥最大效用。那么，鼓励孩子进步时，我们应当记住哪些原则呢?

1. 对孩子的鼓励要有针对性

教育学家认为，如果父母的鼓励具有针对性，孩子们就能够学习到什么是好的表现，并将继续发扬这种好的东西。这就要求爸爸妈妈应该做到，只表扬孩子具体的好的行动，而不是随意表扬。比如，孩子在考试中得到好的成绩，有些家长会这样夸奖孩子 :“我早就说你是天才。”其实，这种鼓励对孩子来说只是一种负担，把孩子的成绩归结于孩子的天赋，而不是孩子的努力，有可能会泯灭孩子勤奋努力的精神。因此，这种随意的表扬是不可取的。

2. 对孩子的表扬应当实事求是，讲明道理

一个能大胆学习走路的孩子，第一次学习用筷子吃饭的孩子，家长对他进行表扬是恰当的。如果这个孩子都已经 10 岁了，家长还能去表扬孩子的这些行为吗? 所以说，对孩子的表扬一定要切合实际，让孩子觉得爸爸妈妈的表扬是真诚的。另外，在表扬孩子时讲明道理也很重要，让孩子知道这样做为什么是好的、对的，培养孩子判断是非对错的能力。

3. 把握鼓励孩子的时机

当孩子第一次做出过去没有过的好行为时，要及时表达出高兴和赞赏，但是当孩子不断地表现出同样的行为时，就应该隔几次再给一次表扬、鼓励，且间隔时间越来越长，不要每次都予鼓励，这样有利于孩子好习惯的养成。

4. 在孩子决心改正错误，或者已经改正了错误时，爸爸妈妈只要

发现他们的优点或长处，都要及时进行客观的鼓励。尤其是对于那些意志薄弱、自制能力较差的孩子进行“及时鼓励”更见效果。这样做，可以帮助孩子摆脱自卑感，恢复自信心。

家长们要注意：太过注重物质奖励，会使孩子错误地把奖品当成追求目标，而适当的精神鼓励却更能满足孩子的荣誉感和自尊的需要。

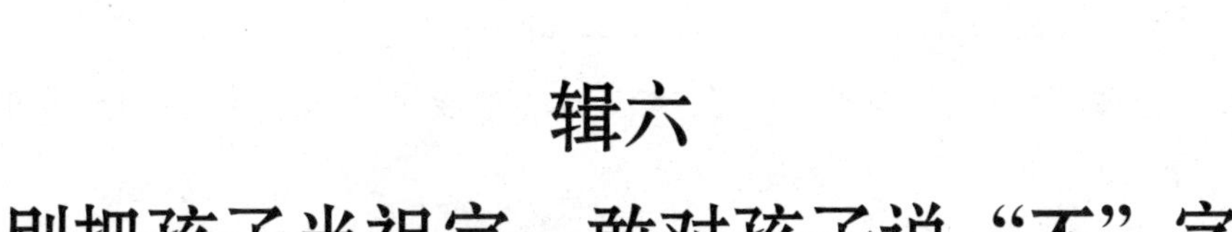

辑六

别把孩子当祖宗，敢对孩子说“不”字

关注孩子是家长的天性，保护、帮助孩子是家长的职责，但是如果孩子一举一动都令你战战兢兢，他的一哭一闹都让你心惊肉跳，就说明你关注过头了，你其实已经被舐犊之情绑架了。

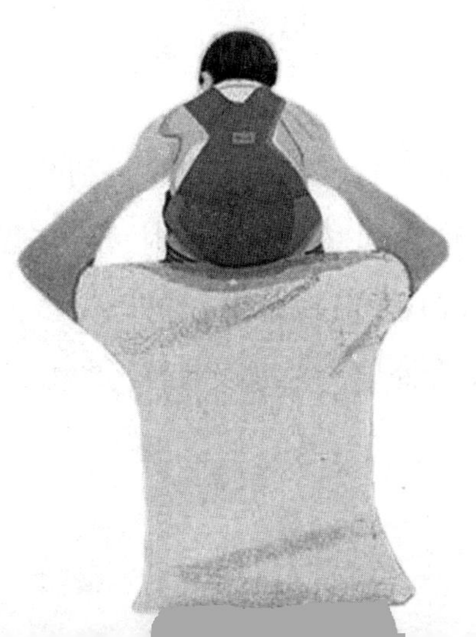

过度养育，说是爱，却是害

徐娇是个聪明漂亮的女孩。她的爸爸是一家大公司的经理，妈妈在一家医院里当医生，家庭条件比较优越。在家里，她是爸爸妈妈的掌上明珠，要什么有什么；在学校里，她成绩优秀，是老师宠爱的“尖子生”。

良好的家庭环境，父母的疼爱，老师和同学们的赞誉，使徐娇产生了一种飘飘然的感觉，徐娇的爸爸妈妈也经常在别人面前夸奖自己的女儿，为有这样一个聪明美丽的女儿而自豪。所有的这一切都助长了徐娇的自满和自傲的情绪。

渐渐地，徐娇变了。在家里，她只要稍稍不顺心就对爸爸妈妈发脾气；在学校里，她更爱表现和炫耀自己；和同学们相处，事事都要拔尖儿，认为所有的好东西、好机会天生就是应该属于自己的。这样的一个女孩，大家当然都不会喜欢，于是同学们开始疏远她，徐娇一个好朋友也没有了，课间大家玩游戏的时间，只有徐娇一个人远远地站着看着。

本来是要爱孩子的，但培养出她自私自利的性格后，就是害了孩子。那些凡事以孩子为中心的父母，此时可要警醒了。聪明活泼的孩子谁都喜欢，可是我们也要经常问一问自己：孩子是不是有点“以自我为中心”？她会设身处地的替别人着想吗？如果答案不那么令人满

意，我们就有必要调整自己的教养方式了。

在孩子身上投注了过多的关爱，会使她们逐渐形成一种错误的认识：我很可爱，我很了不起，大家爱我、关注我是天经地义的。

现在的孩子，多是在父母的娇宠中长大的。有时候，甚至是爷爷奶奶、姥爷姥姥、爸爸妈妈几个大人围着一个孩子转。这种做法，将对孩子的心理和性格发育产生什么样的影响呢？

其实，孩子就像一棵小树苗，家人给予她们的爱，就像是她们生长的养分。营养不良，小树苗固然生长不好；而营养过剩，小树苗吸收消化不了，营养反而就成了一种负担。这种问题对于女孩子尤其严重，因为女孩大都心思敏感，较注意人与人之间的相互关系，太多的爱，会导致她们自己也跟着娇宠自己，想问题和做事情常常会以自己为中心，因而容易形成任性、自私的个性。

事实上，许多父母也知道溺爱孩子有害，但却分不清什么是真爱，什么是溺爱。下面是溺爱的几种主要表现形式，父母一定要谨慎对待。

1. 特殊待遇

孩子在家庭中的地位高人一等，处处特殊照顾，如孩子爱吃的东西放在她面前只让她一个人吃，爷爷奶奶可以不过生日，孩子过生日得买大蛋糕，送礼物……这样的孩子自感特殊，习惯于高人一等，必然变得自私，没有同情心，不会关心他人。

2. 过分注意

一家人时刻关照孩子，陪伴孩子，亲戚朋友来了围着孩子都逗着玩，一再欢迎孩子表演节目，掌声不断；家里人都围着孩子转，并且一天到晚不得安宁，甚至客人来了闹得没法谈话。

3. 轻易满足

孩子要什么就给什么，孩子的满足得来得非常轻易。这种孩子必然会养成不珍惜物品、讲究物质享受、浪费金钱和不体贴他人的坏性格，并且毫无忍耐和吃苦精神。

4. 害怕哭闹

由于从小迁就孩子，孩子在不顺心时以哭闹、不吃饭来要挟父母，父母就只好哄骗，投降，依从，迁就。害怕孩子哭闹的父母是无能的父母，这会在孩子性格中播下了自私、无情、任性和缺乏自制力的种子。

5. 当面袒护

有时爸爸管孩子，妈妈护着，有时父母教孩子，奶奶会站出来说话，这样的孩子会全无是非观念，因为她觉得自己时时有“保护伞”和“避难所”，这不仅会使孩子性格扭曲，而且始终无法学会如何面对错误。

父母毫无原则地娇惯孩子，可以表现为很多方式，而我们以上所列举的几条，都属于在孩子身上投注了过多的关爱，而使她们逐渐形成一种错误的认识：我很可爱，我很了不起，大家爱我、关注我是天经地义的。

孩子是自私自利还是热情大度，和父母的教育方式密切相关。父母的教育方式正确，孩子就会懂得分享、合作，与人友好相处；父母的教育方式不正确，孩子就会渐渐地凡事都以自我为中心、自私自利、斤斤计较，表现出不合群的倾向。

你越妥协，孩子越得寸进尺

生活中，很多孩子都会出现不讲道理、无理取闹的情况：以自我为中心，不理解别人的立场；不管自己有没有道理，说发脾气就发脾气……这些问题往往让为人父母者头疼不已。孩子的不讲道理其实是儿童缺乏自制力的表现，因此爸爸妈妈一定要努力培养孩子的自制能力，对孩子不讲理的行为决不姑息纵容。

爸爸给冬冬买了一辆漂亮的玩具车，准备下午带孩子到姑姑家做客，冬冬非常高兴，决定向表弟炫耀一下自己的新玩具。但是到了下午，忽然下起了大雨，冬冬趴在窗户上看了好一会儿，跑来问爸爸：“爸爸，这雨会停吗？”爸爸知道，如果冬冬不能去姑姑家，他一定非常失望，于是安慰孩子说：“再等一等看，也许会停的。”

一个小时过去了，雨还是没有停，甚至还刮起了大风。于是冬冬开始吵闹起来，一边吵闹一边哭泣。爸爸安慰冬冬说：“姑姑家我们都去过好多次了，也不在乎这一次。等大雨停了，爸爸再带你去，你看好不好？”冬冬吵闹着对爸爸说：“谁知道雨什么时候能停！你都答应我了，现在又反悔，我不干！我不干！”冬冬越吵越厉害，连邻居都惊动了！

爸爸很为难，又拿他毫无办法，于是就向他保证说：“爸爸明天带你到商场去，再给你买一个玩具枪，能射子弹的那种，以前你不就想要吗？”

我们经常会看到一些父母犯这样的错误：孩子一哭一闹，自己就慌了手脚，马上对孩子又疼又哄，对孩子的不讲理百般迁就，或者很多时候，孩子因为某些不如意的事情，吵闹一阵子后，差不多快要停止下来了，忽然，又因为父母或其他人对孩子说了些安慰的话，孩子的情绪一下子又来了一个180度的大转变，变本加厉，吵闹得不可收拾！

冬冬的吵闹便是一个很好的例子。

对一个孩子来讲，由于天气的原因，不能参加原来计划好的活动，一定会感到很失望，但孩子因此而纠缠不休蛮不讲理，在很大程度上正是由于爸爸的同情把这种失望的感觉扩大了。

父母们常常会低估了孩子对失望与挫折的承受力，总是不知不觉地以父母的角色，心甘情愿地替代孩子“受罪”。在这个例子中，爸爸对冬冬表示了怜悯，冬冬自己就愈加觉得自己可怜，越加觉得“去不了姑姑家是难以承受的事”！

更糟糕的是爸爸提出的“补偿”办法使冬冬形成一种观念，那就是他在生活中所遇到的任何失望的事情都应该由别人来给予补偿。如果任何事情不能按他的愿望实现的话，冬冬就会感到生活亏待了他，他受到了不公平的待遇。当爸爸的认为孩子的失望太大了，是冬冬不能承受的，他的这种态度，实际上低估了冬冬可能有的承受力。爸爸认为冬冬太软弱了，根本无法应付生活中的现实，他的这种态度将使冬冬也形成对自己的错误认识：“我受到了一个很大的打击，没有能力应付了。”

因此，我们应当锻炼孩子，培养他们接受生活中的失望及失败的勇气，而不是依赖别人，依赖于别人的怜悯，等待着别人来安慰、同情自己。如果我们不在孩子面前表现出我们对他的惋惜和过多在意的

话，孩子就会学会如何接受失望的现实，调节自己的情绪，不再蛮不讲理。如果做父母的能够平静地对待孩子的失望，对孩子施展好的影响，将会使孩子更容易接受失望，迎接希望和挑战！

孩子的有些行为不是真正的幼稚无知，他们其实也隐约感觉到自己的做法有问题。只是孩子“控制”得不成熟，因而表现出哭闹的情绪。如果父母常常为孩子的这种不成熟而批评他，反而会引起孩子的注意，从而滋长孩子的不良情绪。例如：当孩子无理地吵闹、发脾气、哭叫时，父母故意不去理睬孩子的语言和行为，不以任何态度表示知道那种行为的存在，孩子就会意识到父母对他的行为是不喜欢的，也不会给予他任何的满足，他从父母那里将得不到任何“补偿”。

生活中我们可以看到，往往是由于父母过多地在意孩子，才使得孩子得寸进尺，甚至于发展到无理取闹。而父母在处理孩子的这种行为时，通常会大声斥责，甚至大打出手，以达到使孩子改变行为的目的。父母的这种做法行不通！如果我们真的希望孩子能够改变那些不讲理的行为，那么，父母正确的做法应当是适当地采取不理睬孩子的态度，至少应当保持相当程度的沉默。

爸爸在孩子无理取闹的时候，不妨采取置之不理的办法，这样孩子就会在你冷淡的态度中反省自己的做法，千万不要过多地在意孩子，你的在意只会让孩子得寸进尺。

温和不是姑息，小错不能轻视

有一句话叫作“星星之火，可以燎原”，一点小过错经过不断的纵容，也会累积成大过。因此，家长在教育孩子时，一定不要纵容孩子的小过错，不然只会害了孩子。

有一种父母，对孩子的小过总是姑息纵容，如果碰上心情好的话，甚至还要表扬两句。等到孩子把小错变大过时，他们就又变得异常愤怒，严厉地责罚孩子，这种教育方式也是极不可取的。

6岁的小航总喜欢玩火，只要是与火有关的东西，例如火柴、打火机，甚至于家里的炉灶他都要去摆弄摆弄。小航的爸爸自己也喜欢各式各样的打火机，从气体、电子式到机械式打火机，甚至于还有古老的“火镰”……对于小航玩火的行为，父母从来没有给过任何处罚，他们觉得玩火也不是什么大错，看着儿子熟练地使用各种火机，小航的爸爸甚至还得意地说：“瞧，我的儿子就是像我！”

一天，小航在家里玩一个爸爸刚买来的打火机时，一不小心把自己的帽子烧了个洞，脸上还蹭上了不少黑灰！小航的爸爸看到儿子的狼狈相，非但没有狠狠地教训他，反而笑得喘不过气……过些日子，父母带小航去农村的姥姥家，一不留神，小航居然和几个表兄弟一起玩起火来，不知什么时候开始，姥姥家的草垛已经燃起了熊熊大火！小航的爸爸跑来，怒发冲冠，拉过小航来就是一顿痛打！

在这个故事中，我们应当指责孩子不懂事吗？为什么孩子玩火得不到父母的约束、管制？难道当父母的就一点儿也不知道“玩火自焚”的道理？

为什么小航烧了自己的帽子，爸爸居然视而不见，还“笑得喘不过气来”，一点儿也没有当场处罚孩子错误的想法？

一个6岁的孩子还无法正确认识自己的行为，父母的纵容会让他以为自己玩火的行为是正确的。直到孩子一把火烧了姥姥家的草垛，当父母的才如梦方醒！

类似于小航父母的教育行为在生活中并不少见，也不知多少父母都是如此处理孩子的过失行为——“小错嘛，哪个孩子没有？能将就过去就算了”；等到哪一次孩子犯的错误大了，父母就又觉得不把孩子狠狠地打一顿、骂一顿，简直不足以让他牢记教训！

殊不知这样教育孩子的观点、行为都是错误的！这些错误的观点和错误的行为，当然只能收到适得其反的教育效果。

对于那些家有“玩火孩子”的家长，我们的忠告是：面对孩子的小错误，要立即纠正，正所谓“堵蚁穴而保千里之堤”。如果孩子犯下小错误，当家长的不能立即纠正，一旦孩子犯下大错误便后悔莫及了。爸爸妈妈们应该知道，尽管小孩的判断能力比不上大人，但是他们区别好与坏的能力还是有的。如果孩子犯了错误，在他的意识里，他会感觉到自己做了错事。此时，父母应当抓住孩子“我犯错误了”的心理，立即进行有效的教育和行为上的纠正，这样一来孩子就不会再犯这类的错误了。

另一种情况是孩子已经感觉到自己的错误，父母在旁严厉指责时，孩子原本就有的自省心又缩回去了，反而用别的理由强辩，如此一来，即使给孩子什么特别的提醒也徒劳无益。换一句话说，当小孩犯下了

一个很大的错误时，切忌在旁边气呼呼地指责、责骂，甚至于大打出手！最好先给孩子一些时间，让他冷静一下自己的情绪，过些时候再问他：“那件事情怎么啦？”“那件事你真是做得太过分了！”孩子因为在内心已经检讨过自己的缺失，因此会比较坦然地接受父母的意见。

爸爸妈妈们应该有所注意，与其等到孩子犯大错时又打又骂，还不如在孩子犯下小错时就立刻处罚。爱孩子就要想得长远，谁说处罚不是爱的表现呢？

家里再富，也别“腐败”孩子

“不懂事”“对家庭缺少责任感”是人们对一些孩子的评价。现在的孩子大多是独生子女，是父母的宝贝，从小就是要风得风，要雨得雨，因此养成了以自我为中心、不体贴父母、不关心家庭的习惯。作为父母，你有必要让孩子明白，家庭也需要让孩子做些什么，父母没有能力无限度地满足他们的要求。

一位父亲讲述了这样一件事：他的儿子是一个很不错的孩子，至少在学习上没让他费过心，只有一件事让他为难：孩子花起钱来大手大脚，每隔几天就向父母要钱，夫妻二人怜惜孩子，几乎每次都满足他的需要。可最近一段时间妻子下岗了，自己单位的效益也不是很好，一天，孩子向他要五百元，说是要买一双运动鞋，另外还要请同学吃麦当劳，他觉得不能再让孩子铺张浪费了，于是就委婉地向孩子解释

家里的情况：“你妈妈下岗了，我们单位也一年不如一年，所以你要懂事，花钱别大手大脚了！”“这关我什么事！”儿子粗暴地打断了他的话，“您快点给我钱，养我是您的义务！”这位父亲目瞪口呆，他实在想不到孩子对他们竟然如此冷漠，对家庭竟然没有一点责任感。

听了这个故事，不知家长朋友有什么感受？生活中，像这样对家庭缺少责任感的孩子并不少见。那么，孩子如果不尊重父母的劳动，缺少责任心该怎么办呢？下面是一位妈妈巧施“扮弱计”，改变儿子的例子，各位家长不妨借鉴一下。

林女士家境富裕，一天她的儿子向她要300元办生日聚会，她开玩笑地问了一句：“儿子，你总向妈妈要钱，花起钱来也大手大脚，可有一天妈妈没钱了怎么办？”11岁的儿子回答说：“那你就去赚啊，这不是我该关心的事吧？”林女士大吃一惊，她发现儿子丝毫没有为家庭着想的概念，她认为自己必须改变这一点。林女士向公司请了三个月的长假，然后对儿子说：“妈妈失业了！从今以后爸爸要一个人供你上学、供车子、供房子，还要养妈妈和奶奶，你也长大了，该学会帮爸爸妈妈分忧了！”为了让儿子相信，她还陆续向儿子借了几次钱，因为她“没钱买菜”。一个月后，她发现儿子彻底变了，见到儿童玩具他不再缠着妈妈买，一起逛街时，如果林女士对哪件漂亮衣服多看几眼，他还会安慰妈妈：“别看了，看了又买不起，等我长大赚了钱，一定会买很多衣服给你，但现在不要给爸爸增加负担了！”还有一次，她手边没有零钱，就给儿子五十元，让他自己去吃早餐，结果儿子含着眼泪问她：“你把钱给了我，还有钱买菜吗？”看着儿子一天比一天懂事，很多时候还主动询问爸爸工作的情况，林女士很欣慰，不过她也在想是不是应该提早结束假期了，因为儿子渐渐有点吝啬的倾向了。

林女士使用的方法很有趣，在增强孩子责任心方面也起到了不错

的效果，这招以富扮穷，由强扮弱看来还是相当有效的。如今，我们绝大部分家庭都有比以往更好的生活条件，大多数的父母都喜欢对孩子说："现在生活好了，我们不需要你为家庭操心，只要你做个好学生，将来有所作为，我们再苦再累也心甘情愿。"父母们认为：现在条件好了，我们要为孩子争取一切可能的机会，为孩子提供最好的学习条件，给孩子最好的生活待遇，使孩子能出类拔萃……其实，这样的情况，往往会事与愿违。越是怀着这种心态对待孩子，孩子越会辜负父母的期望。所以，我们要让孩子明白，作为家庭组织中的一员，他对家庭是负有一定责任的。

瑞恩夫妇是一对在读博士，在攻读博士学位前他们已经有了一个 8 岁的儿子吉姆。吉姆聪明伶俐，唯一的"毛病"就是喜欢吃零食。在他还不满 4 岁的时候就知道拉着爸爸妈妈到不远处的百货店买吃的。

每次遭到爸爸妈妈的拒绝，小吉姆就哭闹不止，大有不达目的誓不罢休的势头，瑞恩夫妇纵然是满腹经纶也奈何不得他。有一次，小吉姆又要让爸爸给他买糖果，爸爸说："亲爱的吉姆，爸爸可以答应你的要求，但是你也要答应爸爸一个条件。"

"什么条件？"小吉姆满脸疑惑。

"你现在买糖果的钱和你在幼儿园上学的钱都是属于爸爸妈妈的，可我们以后也要上学，所以你每花费一分钱爸爸都会记下来，等你长大后也要还给我们，供爸爸妈妈上学。"爸爸说。

小吉姆似懂非懂地答应了。从此，吉姆每花费一分钱爸爸就提醒他一次"这些钱以后你要还给我们"。7 岁的时候，小吉姆已经不再乱花钱了，他的小脑袋里除了功课外，已经开始琢磨怎样才能依靠自己的力量挣钱，将来供爸爸妈妈读书了。

很快小吉姆 8 岁了，瑞恩夫妇开始攻读博士学位。随着年龄的增

长，小吉姆的思维也开阔起来，有一天，他忽然想起奶奶曾经说过：“小孩子能使用简单的劳动工具后，就可以找寻打零工的机会了，诸如帮社区邻居送报纸、铲除车道上的积雪等。”吉姆想到这里兴奋不已，因为这里刚刚下过一场大雪，而且他已经会使用铁锹了。

第二天一早，小吉姆就按响了一对老夫妇家的门铃。

老太太打开门后，发现门口站着一个小男孩。

“你好，”小男孩有礼貌地说，“我叫吉姆，我来帮你们铲雪好吗？这么早就过来，会不会打扰到你们？”

老太太亲切地说：“不会！我们也是很早就起来了……”说着，对着屋内喊道，“老头子！我们的车道铲雪工作，就决定交给这位小男孩喽！”

“你年纪这么小，就这么积极地打工，将来长大一定很有成就。”老太太说，“你怎么利用自己赚来的钱？是要把它们存起来？还是拿去买糖果？”

小吉姆兴奋地说道：“我赚钱不是要买糖果用的。我爸妈都还在念书，我赚的钱，先赞助他们交学费！等我将来长大，他们答应也会帮助我读大学。”

小吉姆工作结束后得到了10美元报酬。

瑞恩夫妇对孩子的教育是十分成功的，他们让孩子参加到具体的家庭事务中，还给他设定了一个伟大的目标：“供父母上学”，结果吉姆小小年纪就具有独立能力和责任感，而这两个特征对每个孩子都非常重要，也恰恰是很多孩子都缺少的。

俗话说：穷人的孩子早当家。在过去艰苦的环境中，孩子普遍知道生活的不易，自己必须替父母承担一部分责任，尽自己的义务为家里减少生活负担，从而感受到自己应当承担的责任，希望有一天能够

为父母解忧去烦，这一切都使孩子从小看到自己生活的意义，看到自己的行为能为他人带来的影响，感到自己是有用处的，从而产生自豪感和责任心。

而现在，我们的家庭已经没有了这种普遍的基础，孩子生活在无忧无虑之中，根本搞不清楚自己对父母、对家庭、对社会的责任感与使命感从何而来。

一个没有责任感、没有价值感的孩子，因为找不到自己在社会中的地位与重要性，便会感到迷惘，由此失去努力的动力，更容易为其他一些物质性的、轻浮的事物所吸引，进而沉溺其中。因此，我们要巧妙地培养孩子的责任感，让现在的“富孩子”也能早当家。

挫折教育是孩子不可少的经历

与外国父母相比，中国的父母们总是显得有点太过小心翼翼，他们给缺少生活经验的孩子准备好了一切事情，生怕孩子受到挫折。然而父母能一辈子这样照顾孩子吗？孩子在成长过程中总会碰到各种各样的挫折，到那时这个脆弱的孩子又怎样使自己渡过难关呢？因此父母要鼓励孩子从小就勇敢地面对挫折，让他们成为生活中的强者。

在日本的一个村庄里，有一对夫妻四十得子，因而对孩子宠爱有加，这使得在蜜罐中成长的儿子养成了一意孤行的脾性，他无论做什么都不太专心，就连走路也走不好，时常跌进水沟里，很是让望子成龙的父母焦心。

儿子7岁那年上了小学。可是他还是不能让父母放心，因为他走路喜欢东张西望，不是弄湿了鞋子，就是弄脏了裤子，经常抹着眼泪回家。

一天，孩子的父亲带着一把锹去儿子上学必经的田埂上，在上面断断续续地挖了近十道缺口，然后用木板搭成一座座小桥，只有小心走上去才能通过。那天放学，儿子走在田埂上，看到面前一下子多出了这么多的小桥，非常惊慌，不知道该怎么办好。是走过去，还是停下来哭泣？四顾无人，哭也没有人帮忙啊。最终他选择了走过去。当背着书包的他晃晃悠悠地通过小桥时，虽然很害怕，但却有种满足感。他第一次没有哭鼻子。

回家以后，儿子跟爸爸讲了今天走过一座座小桥的经历，脸上满是神气。父亲坐在一旁夸他勇敢。

但妻子却对丈夫的举措迷惑不解，丈夫解释道：“道路太平坦了，他就会左顾右盼，当然会跌倒；坎坷的路途中，他的双眼必须紧盯着路，所以才能走得平稳。”

你猜到故事中的儿子是谁了吗？他就是如今赫赫有名的“经营之神”松下幸之助。正是父亲苦心挖断松下幸之助顺利前进的路，才培养了他直面困难、战胜困难的勇气和信心，也才有了他今天的成功。

在日本，像松下幸之助的父亲这样故意给孩子制造挫折的教育方式是很普遍的，他们认为只有让孩子从小经受一些挫折，日后他们才能独立战胜生活中的挫折，从容地走向成功。要知道人的抵抗力、免疫力是一步步增强的，从无菌室里走出来的人，往往是脆弱的，他们抵抗不了细菌的袭击。所以，家长应该对“太顺”的孩子进行一些“挫折教育”，帮助孩子树立坚强的信念，无论顺境逆途都能坚强面对。

而父母们首先要改变原来的教育态度，让孩子走出大人的“保护伞”，不要怕孩子摔着、碰着、饿着、累着，孩子摔倒了要鼓励他自己爬起来，不能为孩子包办一切，孩子的事情让他自己做，自己能解决的问题，如要玩具自己去拿，衣服、裤子自己穿。在家庭生活中，要安排孩子做一些力所能及的事，切不可把孩子成长过程中的困难都解决掉，把他们前进的障碍清除得干干净净。

父母们应该看到这一点，当你替孩子解决麻烦的时候，也便剥夺了孩子自己体验成败的机会，从而也纵容了孩子的依赖性，让他们无法从生活中体验战胜挫折后的自信。人在一生中将会遇到很多困难，父母不能永远充当孩子的保护伞，因此，当孩子遇到困难不知所措时，家长应该鼓励孩子勇于面对困难，让孩子转动脑筋，充分利用智慧自己去解决，而不是父母亲自动手为孩子扫平道路。用你的鼓励，从小培养孩子直面挫折的意识和坚强地承受挫折的能力，方能有效地激发孩子生命的能量，使他们的自信心、创造力在危急与困难时刻发挥到极致，增长孩子在竞争中取胜的才干和驾驭生活的能力，而父母也少了许多不必要的麻烦。

适度的挫折对孩子的健康成长是有益无害的，孩子面对挫折时所表现出来的坚强和勇敢，正是他们日后走向成功的资本。因此父母们不妨放开你的手，让孩子自己去面对生活中的一些挫折。

“狠点心”，别给孩子依赖的机会

很多家长对孩子的事情特别用心，孩子的一些事情，都是家长们提前就处理得当了，也不需要孩子操心。如果有一些事情让孩子做，孩子却没做，这是孩子过分依赖家长的表现。家长们应该注意：如果孩子能够自己完成的事情，不要再帮孩子处理。让孩子早一点在自己的能力范围内变得独立。否则，孩子就会因为依赖而变得懒散、拖延。

我们来看看这位妈妈的苦恼。

我儿子都上小学五年级了，可还是什么都不会做。每天晚上，我都要帮他把书包装好，早晨起床，他就会坐在那里等着我给他穿衣服，有时他不爱吃饭，还得我喂他吃。晚上学习时也是，一会儿妈妈这，一会儿妈妈那，比如“妈妈我本子找不到了！”“妈妈，我这道题不会，你给家教打个电话吧！”

以前，我想多帮孩子做点事，让他有更多的时间学习。确实，孩子的学习成绩一直很好，上次又考了全班第一，这也是我一个小骄傲，可是孩子处处依赖的性格也确实成了问题，外套得我给脱，脚得我给洗，牙膏得我给挤……有时，我想让他自己干，我刚一开口，他立刻就反驳过来：“妈妈，我又给你考了全班第一，作为奖励，你也应该给我洗脚吧？”说完还又添上一句，“谁让你是当妈的呢？你以为当别人的妈那么容易呀！”

我听了都被气笑了，儿子现在伶牙俐齿得很，处处跟我顶，我都说不过他。孩子今天这样，扪心自问都是我惯的，我也知道这样下去对孩子的成长很不利，可我该怎么做呢？

不少家长都像上面这位母亲一样，“心太软”，恨不得所有的事情都替孩子做好，对孩子的一切大包大揽，结果让孩子患了“软骨症”和“依赖心理”，给以后的生活造成了巨大的障碍。拒绝孩子的依赖心理，应成为父母最重要的一堂必修课。

有的父母抱怨说：“每次我离开孩子，他都要不停地哭闹。”这种情感上的不舍，其实是孩子依赖心理的开端。情感依恋是典型的心理依恋，即某人（或者某人的反应）成为他人做事的动机。长此以往，孩子就会变得离不开父母，对外界的一切感到不适。有报道说，很多孩子上了初中、高中，甚至大学，生活自理能力都很差，还需要母亲一路陪读。这样的例子被很多父母引以为戒。不过“冰冻三尺，非一日之寒”，孩子这种可怕的依赖性可能在孩子刚出生时，就被父母在不知不觉中宠出来了。

当然，孩子依赖值得相信的人，这是很正常的。年纪越小就越是如此，尤其是父母在身边的话，孩子会觉得很有安全感，因为父母会像大山一样为自己遮风挡雨。这类孩子不相信自己的能力，他们往往希望别人替他们做作业，而且自己做事难以做决定。父母应该多关注一下这个问题。

有些孩子只会在特定的情况下表现出依赖性，比方说，一些孩子平时在幼儿园可以自己穿鞋子，但是一到妈妈面前，他们就不能自己穿了。有些孩子，自己可以处理好一些事情，但是遇到更难处理的事情时，他们就不会去尝试，转而向大人求助。也有的孩子自信心不足，

觉得无论做什么事情都会失败，所以干脆不去做。

这种依赖性和无力感，和年龄的大小并无关系。父母所需要做到的，就是尽快培养孩子的独立性。因为如果到了青春期，孩子们的情绪会更加不稳定，那时候再培养他们的独立性就更是难上加难了。

如果一个人在生活和工作中总是依赖别人的呵护与帮助，即便他具有再强大的本领，也只能是在激烈的竞争中不堪一击。所以，独立能力是具备竞争力的必备前提。所谓独立，就是能够主动地发现问题、解决问题，并在任何形式的对抗中掌握控制的权力。独立是一种基础生存能力，是塑造自我、完善自我的首要条件。

对于孩子来说，独立解决问题的能力对于他的成长和发展来说是至关重要的。俗话说：“温室里长不出参天松，庭院里练不出千里马。”这个道理虽然浅显，但蕴含的意义却很深刻。试想：如果我们的孩子三岁还不会自己上厕所，四岁还不会自己换衣服，五岁还记不住家的方向，那么，就算他能识字上千、背诗百首，人们能承认他是“天才”吗？这样的孩子长大后又会怎样呢？这样的例子在历史上比比皆是，许多“天才神童”在长大成人后沦为平庸之辈甚至丧失生活能力者并不少见。现实生活中，有不少父母认为，孩子还小，自己做事有危险，等到孩子大了，到了一定的年龄，自然就会懂得独立。以至于很多孩子到四五岁时还不会自己穿衣服，遇到什么事情都要依靠父母。而事实证明，越早独立的孩子，长大后的自理能力越强，也更能适应现代社会的激烈竞争。

要杜绝孩子的依赖性，父母就应该致力于培养孩子的独立能力。父母要引导孩子做力所能及的事情。父母不应该在孩子遇到困难要求帮助的时候就代劳，而是要给孩子适当的鼓励，比如说“妈妈相信你能做好”“这点小事难不倒我们家的男子汉”等，让孩子受到刺激和鼓

励，积极地去独立完成。

那么，试着让孩子自己去完成以下事情吧：

每天确认并准备好要带的物品；

每天早晨自己整理好被褥；

事先准备好上学要穿的衣服；

每天进行一些兴趣爱好活动（乐器、运动等）；

按时完成作业；

把要洗的衣服装进洗衣篮里；

自己的房间自己清扫；

和妈妈去买菜；

垃圾分类处理；

一周给花草浇一次水。

总之，爸爸妈妈应该在孩子能力范围内，给他们自主选择的权利，给孩子适合他们年龄的任务。当孩子主动去做并完成得很好时，家长可以给予一定的奖励。需要注意的是，不能够养成孩子只要做事情就给钱作为奖励的习惯，那样孩子会期待他们做的所有事情都能得到零用钱。

如果孩子想自己尝试，父母没必要总是事无巨细地关心。放手让孩子去做，就是给孩子一个机会，让他在自己动手尝试中获得经验教训，以便将来更好地解决问题。这种经验对孩子来说可能是成功的，也可能是失败的，但不管是成功还是失败，它们都会在孩子今后的生活中发挥重要的作用。

适当放手，打造孩子的自理能力

自理能力是一个孩子从依赖到独立的过程，即孩子从依赖家长的帮助，到学习认知照顾自己的衣、食、住、行的过程。

孩子的自理能力是他们形成健全人格的基础，是他们顺利进入青年时期的前提，同时对他们今后的成人化和社会化都有着极为重要的影响。

对孩子来说，自理能力是踏出家庭保护网的第一步，是将来独自走天下的必备技能。

对于以上道理，每位家长都懂得，可是运用到实际生活中，却是另一回事。因为当今许多孩子是独生子女，父母对他们自幼宠爱，无论什么都一手替他们操办，养成了他们生活自理能力很差，对父母依赖性很强的通病。

贝贝已经是五年级的学生了，可是自己上学的“行囊”还要妈妈来整理。而且每天过的是饭来张口、衣来伸手的“幸福”生活。他从不洗碗筷，每次吃完饭的时候，总是把碗筷一放，该玩就玩去了；他的衣服从来都是妈妈洗，自己没有洗过一件，每次衣服脏了，就脱下来，交给妈妈“处理”。

原来，贝贝是家里的独苗，父母疼爱得不行，自从他来到这个世界，就成了父母的心肝宝贝。孩子小的时候，本来有自己的事情自己

做的潜意识，但每当孩子自己想干一些活的时候，妈妈就说 ：“你还小，大了再说。”

等到孩子大了的时候，妈妈却说 ：“你的任务就是好好学习，不需要干这干那的。”久而久之，贝贝养成了什么事情都靠父母的习惯，以至于上学的用具还需要妈妈帮他整理。

直到有一天，学校组织学生们去野外进行生存训练，贝贝回家问妈妈怎么做时，妈妈才意识到孩子不能自理的严重性。

如今许多孩子生活在父母的溺爱中，很少能够自理。身为家长，应该从小就培养孩子的自理能力，这样在他们走出家门的时候，才能照顾好自己。

培养孩子的自理能力，应该让孩子从力所能及的小事做起。古语说得好 ：“合抱之木，生于毫末 ；九层之台，起于垒土。”只有让孩子从小事做起，锻炼自理能力，才能为日后独自闯社会铺就一条道路出来。

浙江有一名大学生，他的一天是这样度过的 ：

每天早上六点半，他就要起床给因身患尿毒症而丧失劳动能力和生活自理能力的妈妈烧好早饭，然后跑到学校上早自习，中午再从食堂带饭给妈妈。

上完一天的课，他就赶紧回到家里（校外的出租房），整理家务并清洗衣服。做好这一切后，他又回到学校里打扫食堂卫生——这是学院为他争取来的勤工俭学的岗位，每个月有 50 元的工资，每日三餐也可以全部免费。

在食堂吃饭的时候，他还把自己饭菜的一半分到另一个盒子里，这是带回家给妈妈吃的。接着，他匆匆忙忙地赶到教室上晚自习，这时离晚自习的开始时间仅有两分钟。他利用晚自习时间做作业并温习

一天的功课。

晚自习一结束，他就匆匆赶回出租房里，给母亲敷药、打针，一路上，他心里想着：妈妈肯定饿坏了……

晚上，他就和妈妈睡一张钢丝床，妈妈睡这头儿，他睡那头儿，要是妈妈不舒服，他就马上爬起来照顾妈妈。

这名学生名叫刘霆，此时的他仅有 19 岁，却已经担负起了家庭全部的重担，还要完成自己的学业。

他小的时候也曾有过一个幸福的家庭。爸爸是个职员，妈妈是缝纫师傅，家里的经济状况在当地还算不错。但是父母没有因为家庭条件不错，就溺爱孩子，而是从小就让他做自己力所能及的事情，可以说是自己的事情自己做。

当他会自己吃第一口饭时，父母绝不再喂他一口；当他能够自己穿衣时，父母绝不再给他穿一次衣服；当他会自己洗衣服时，父母绝不给他洗一次衣服。

在这样的锻炼下，刘霆上小学三年级的时候，就已经是个小大人了。所有自己的事情，都能够完全自理。

三个人幸福的家庭，在刘霆上小学六年级的时候，因为母亲的尿毒症彻底改变了。治病耗尽了家中所有的积蓄，父亲不堪忍受而离家出走，殷实美满的三口之家顷刻变成母子相依为命。

从小就能够自理的刘霆，没有像父亲一样逃走，而是毅然挑起了求学、给母亲看病、养家的重担，直到现在，他毅然用瘦弱的肩膀为母亲撑起一片天。

刘霆之所以能够肩负起和他年龄段不相称的重任，就是因为他小的时候学会了自理，培养出了自己独立生活和养家的能力。如果把上文中的刘霆换成贝贝，那贝贝能否挑起生活的重担呢，结果是可想而

知的。

那么，我们该如何从小培养孩子的自理能力呢？家长可以按如下方法去做：

1. 让孩子通过自我服务来培养他们的自理能力

家长应结合品德教育，利用故事、儿歌等来培养孩子的自我服务意识，从小指导孩子剪指甲、洗手、洗杯子、洗手帕等，并要求他们自己穿衣服、穿鞋、系鞋带，并要求孩子坚持。

2. 通过评价、激励来培养孩子的自理能力

对孩子习惯性的自理行为，家长要及时地给予表扬和鼓励；对孩子偶发的自理行为，家长要及时表扬，并提出进一步的要求。这样让孩子体验自理的快乐，从而达到培养孩子自理能力的目的。

3. 家庭中的长辈不要溺爱孩子

有许多的孩子与长辈生活在一起。有些父母由于工作忙或贪图方便，把孩子寄托给自己的老人。由于“隔代亲”的影响，长辈们往往重养轻教。也有些父母想让孩子自己动手，但长辈舍不得，百般阻拦，教育方法的上不一致，使孩子自理的能力得不到提高。

4. 父母要给孩子提供“自己的事情自己做”的空间

许多家长怕孩子自己动手，吃饭慢了怕饿着，穿衣慢了怕冻着，自己走着怕累着，自己洗脸怕洗不干净，从而包办代替，这个不准动，那个不让摸。家长过多的限制和包办，无意中剥夺了孩子自己动手的机会。家长应该给孩子一个独立做事的空间，不要包揽孩子的一切。

吃自己的饭，流自己的汗，自己的事情自己办，靠人、靠天、靠祖上，不算是好汉。那么，我们为什么不让孩子自己的事情自己做呢？

辑七
这样跟孩子定规矩，叛逆的孩子也不抗逆

很多家长不能冷静对待孩子的问题。他们采用高压手段，结果导致孩子更强烈的反抗。显而易见，教育反抗期的孩子，简单、粗暴的处理方式是绝对行不通的。

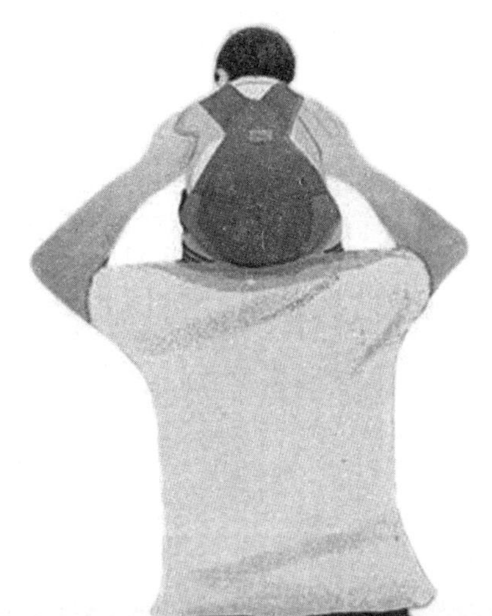

孩子叛逆背后的“小秘密”

谈起孩子的青春期，可能有很多的家长会感觉到头疼，在他们看来，青春期的孩子往往比较叛逆，总是和父母“拧”着干。而且那个时候，他们经常说的话就是“没意思”“真没劲”“孤独”，行为也会更让家长抓狂，比如文身、染发……

周末，妈妈想要带着刚上初一的张云飞去逛街的时候，他却对妈妈说：“没劲，我不去了！”其实这已经不是他第一次拒绝妈妈，也不是第一次觉得妈妈要求他做的事没劲了。有时候妈妈想带着他参加亲戚朋友的婚礼时，他也很不情愿，而回来以后也是扔下一句“真没劲”就会回到自己的屋子里不出来；当妈妈让他学习的时候，他仍然会说“没意思”。

张月今年读初二，平时的话不太多，由于学习比较紧张，所以父母对她照顾得很好，牛奶、营养品等的供应都没有间断过，而且她想要什么的话父母也都会满足她。节假日去爷爷奶奶、姥姥姥爷家去的时候，老人们也都很热情，都十分喜欢她、疼爱她。按理说小月应该十分满足才对，可是她在自己的日记里却这样写道：“我觉得自己好孤独，没有人能够真正地理解我。”

陈俊一直都是爸爸妈妈的乖儿子，但是自从他上初中之后，整个人却大变样，不仅和校外人士来往密切，而且还打耳洞、戴耳钉，染成红色的头发，远远看去好像个女孩。老师经常说他是“不良少年”，爸爸也被儿子的装扮气得半死。

上述案例中的场景在日常生活中比比皆是。孩子到了青春期之后，开始有了自己的小秘密，他们很希望能够与别人交流，希望别人能够理解自己，但是却又信不过身边的人。所以在这种比较矛盾和纠结的心理斗争之下，他们就会形成孤独感，长时间得不到缓解的时候就会出现抑郁。孩子在成长的过程中有两个“断乳期”，一个是小时候身体上“断乳”，那个时候他们开始能够比较流利地说话，能够走路，茁壮成长。还有一种就是心理上的“断乳”，这种情况就出现在青春期。在青春期的孩子往往会有这样的心理：觉得自己是大人了，不再需要家长的管束了，自己已经成熟了，完全可以独当一面。在这种心理的影响下，孩子的认知就会和之前出现偏差。在他们看来，父母的关心和爱护并不像之前那样的让心里暖洋洋的，反倒是让人觉得很烦。父母说什么自己也不想听。老师也没了之前的耐心，无论上课讲什么自己都会觉得“真没劲”，开始“看不上”老师。而之前的好朋友也不再像从前那样的亲密无间，开始有了各自的新朋友。新朋友开始进入他们的生活，让他们不断地通过张扬个性来向成年人示威。那么家长该如何帮助孩子顺利度过青春期，防止孩子走上违法犯罪的道路呢?

1. 不要一味要求改变自己的“不良形象”

家长首先要了解孩子突然发生巨大的身心变化的原因，要明白孩子的这些变化其实都不是什么大问题，应该在这个基础上坦然接受孩子的变化，同时能转化角度，从孩子的立场看问题，并理解孩子的做法。而不是一味地要求孩子把染红的头发染回黑色，把有破洞的牛仔裤扔掉等，如果你实在不想看到这些，可以选择忽视。

2. 找出孩子叛逆的原因

家长应该明白，每个青春期的孩子都是叛逆的，只不过产生叛逆的原因和表现不同。比如女儿开始注重穿着打扮，儿子开始追求时尚新潮，你可以把这种现象当成是“爱美之心人皆有之”，而不是大惊小怪。你可以告诉女儿：“妈妈知道你很爱美，但是也要注意穿得厚些，避免感冒，感冒了会影响学习，因此会导致你跟不上老师的讲课进度，你自己也会不开心的。”你可以跟儿子说：“妈妈知道你喜欢时尚新潮的发型，但是妈妈还是觉得你以前的发型更帅气，不信你可以问问叔叔，他不是你最崇拜的型男吗？”如果孩子总是凡事和你对着干，那么你就需要第三方介入，让更容易说服孩子的人来和他谈话，或者直接寻求心理医生的帮助。对于比较激烈的叛逆心理，家长应该学会心平气和地开导，并请教心理专家，通过理解的心态逐步解决问题。

3. 避免从学习入题和孩子交流

和孩子交流的过程中，家长或老师经常会从学习入题，以成绩进行评判，殊不知这样只会增加孩子内心的压力，怀疑家长和老师只是为了学习才和自己妥协的。家长可以从家事的角度入手，等到孩子的情绪稳定之后再和他谈正事。

4. 及时预防叛逆

为了防止孩子出现逆反情绪，家长应该从小和孩子建立良好的亲子关系，积极和孩子沟通，以朋友的方式和孩子相处，把孩子当作独立个体尊重，这样孩子的心绪才能更平稳。

解决青春期问题，应以引导为主

青春期的孩子情绪很不稳定，他们有反抗权势和习俗的倾向。

因此，孩子们常表现出很多怪异行为，看了叫人心烦，令父母们难以容忍。譬如：咬指甲、抠鼻孔、啃手指头、抓耳朵、干咳嗽、斜眼看人、擦鼻子、全身乱动；或是成天躺在床上两眼望天，手里不停地玩儿一件东西；或是一天到晚不停地抱怨，仿佛一切都令他看不顺眼，房子旧啦，衣服差啦，老师不好啦，父母是老古板啦，等等。

他们的坏毛病、坏习惯也一再重犯。早上大睡懒觉，晚上借口念书和洗澡，拖到深更半夜不睡觉。父母说他，他就生气，他会跟父母强辩，或是故意曲解父母的话。

青少年孩子们的言行虽然如此不正常，但父母也不必惶惶不安。孩子们仍然是有理性的，因为是他本身的发育促成了他的行为。青春期的作用就是要瓦解他已经成型的性格，接受必需的改变：从成型状态（儿童时期）经过瓦解状态（青春期）到再定型状态（成人时期）。每个青少年在青春期间都要重新养成他自己的性格，必定要从父母替他塑造的儿童期中挣脱出来，使自己焕然一新。

因此，他们有些怪异行为是可以理解的。

青春期是动荡不定、迷惑和苦恼的时期，同时希望无穷。情感强烈的时期是引起社会关切、个人极端痛苦的时期，也是心情矛盾、喜

怒无常的时期。

有一个著名的心理学家曾说过，处在青春期阶段的男女，言论和行为互相矛盾、变化莫测，这并不奇怪。他们在成长，在塑造成人期的性格，不停地在体验自我，要尝试各种各样的可能性。所以，他们容易冲动，尽管他们也知道冲动不好，应该克制，在公众面前不愿亲近父母，但他们内心的隐私还是只想向父母倾诉；表面上在处处模仿名人，私底下却又想标新立异，另创一套；有时表现急公好义，乐于助人，为社会、为他人，无私地做奉献，但有时又显得自私自利，冷酷无情，一心一意只考虑自己的利益，而毫不顾及集体的利益。在一所高级中学，有位教师找了几位高一的学生谈心，要那几位学生谈谈他们最近的心理活动，毫无例外，这些学生心理都很矛盾。

有个男生说：“我近来心情很苦恼、很矛盾。因为，在内心深处，常有些欲望和冲动在燃烧，在折磨自己。想尝试，不太敢；想克制，又克制不住。”

有个男生说：“也许我这个人精力太旺盛，总想找个机会去亲自尝试一下人生的各种酸甜苦辣，去实际做些事情，哪怕是发泄一下也好，而不愿只听一些不着边际的空谈。”

有个女生说：“不知为什么，现在我经常做一些连自己都莫名其妙的事，被别人看成神经质，喜欢装模作样，自己难以理解，一点也不愉快。”

对处于心情不定、常自相矛盾阶段的青少年，要理解他们，掌握他们的心理特点，不要横加干涉，一看不惯，动辄斥骂，不妨顺其自然，听其自便。他们好活动，就让他们去动，喜欢孤单的，内心有种种隐私的，暂时也不要过问。

青少年在什么情况下，内心渴望别人了解？在什么情况下，又不愿让人窥其内心隐私呢？

这是件困难而又微妙的事，父母再聪明，也难掌握，那又何必太操心，反而使孩子不高兴呢？对孩子的反常行为，暂时容忍，并不是表示赞同，正如医生从不拒绝病人的要求，哪怕感到它不合理，只因为他们是病人，但绝不鼓励也不赞许。暂时的容忍，就是在尊重理解孩子的个性和心情基础上，再寻找恰当的时机，进行有效的帮助。

在这个阶段，要特别注意预防孩子出现闭锁心理。

很多经过这个阶段的父母可能都遇到过这样的情况：孩子到了一定年龄就会自己把自己封闭起来，不愿与父母一起出去玩儿，不愿与父母谈心里话。这样的孩子甚至有时候对父母的教育也表现出很不耐烦的情绪，经常把自己关在自己的房间里，连自己的东西也不允许父母动一动，看一看，开朗的性格一下子变得孤僻起来。

对此，很多父母感到莫名其妙，一直追问“这是怎么回事”。

从心理学角度看，孩子心理和言行的这种变化是青少年心理发展过程中的一种常见现象，称为“心理的闭锁性现象”。

产生“闭锁心理”主要有以下两个方面的原因：

1. 孩子独立意识的增长

孩子到了青春期，抽象思维能力逐渐加强，就会积极地用自己的心去体验外部世界。这个时期，孩子对父母的依赖性逐渐变弱，有时会做出一些所谓“小大人”的举动来。这个时期的到来，标志着一个人走向成熟的开始。但是由于此时的孩子对许多事情都把握不准，因此常常会发生把自己与父母对立起来的行为。

2. 孩子自我意识的发展

此时孩子的智力已经发展到相当高的水平，自我意识已经完全能够将自我与他人、自我与客观世界区别开来，而且还会发现自己也有许多独特的观点和很好的想法。但是，此时的孩子自尊心都比较强，担心自己的想法会引起父母或别人的耻笑或轻视，所以就小心翼翼地将许多内心的想法作为秘密闭锁起来。同时，这个阶段的孩子却又有渴望被人接近与理解的心理矛盾，因此，写日记成了他们倾诉内心秘密的重要形式。

父母应该清楚，孩子出现这样的心理闭锁现象是正常的，父母应该对此进行妥善处理。如果父母对此一无所知，对孩子的这种心理变化处理不当，就会对孩子身心健康产生不良影响，如：孩子心理上产生不同程度的、间或出现的孤独感，一定程度的反抗情绪等。如果父母任其发展下去，个别孩子甚至会性情孤僻，长时间地将自己闭锁起来，最终形成有缺陷的人格。

父母要充分理解这个时期孩子所产生的闭锁心理，要为孩子创造条件交正派的朋友，要引导孩子相信父母、老师和其他正派的人。当孩子有想不通的问题的时候，要鼓励孩子大胆地向别人倾诉，让孩子把不愉快的情绪尽快宣泄出来，不要让这些问题长期困扰着孩子。

同时，父母还要积极鼓励孩子参加各种文娱体育活动，让孩子在活动中尽量放松自己的心情。

父母不要对孩子的这种举动大惊小怪，要给予孩子更多的关心和爱护，可以经常找一些孩子感兴趣的话题，与孩子促膝谈心，使孩子早日走出闭锁心理的圈子，让他快些成熟起来。

父母要学会尊重孩子，因为孩子已经长大了。

父母也许会发觉，尽管过去对孩子的奖赏办法很有一套，然而这往往在孩子进入青春期时便面临相当的考验，以前孩子甘之若饴的奖赏，此时可能对其产生嫌恶的反应，到底是为什么？

这是因为，青春期的孩子自我观念强烈，对父母的要求和期盼往往会加以反抗，但这也表示孩子已经长大了，对事物有他自己的看法。

面对青春期孩子的反抗心理，父母们不必过于紧张，事实上，如果过去的所有奖罚都适当而且合理，如果孩子的行为早已塑造成型，往后他还是不会脱离基本的轨道。所以，最重要的还是在于对幼儿的训练过程。

青春期的孩子不接受父母的奖赏，大部分问题在于父母的表达方式，孩提时代被大伙儿称赞的骄傲滋味，现在对他而言可能是一项莫大的耻辱，也许是因为害羞，觉得太与众不同了，于是就加以拒绝。所以，父母应该改变管教态度。面对青春期的孩子，父母要站在帮助他判断是非善恶的立场上，辅导他对事物的处理和解决之道。对于奖赏，精神上的要比物质上的更有效果。

这是人的成长过程中非常重要的时期。这时的心理状态发展如何，往往会影响到人的性格的形成和健康发展。因此，帮助孩子度过这两个时期就显得极为重要。

父母可以采用下面的方法：

1. 尊重孩子，让孩子选择

处于反抗期的孩子不喜欢有人吩咐他做某件事或被迫接受某种意见，哪怕这些意见和行为是正确的。这时，你可以把自己所企盼孩子接受的做法与其他几种可能摆在一起让他选择。孩子在你规定的范围内行使了自主权，既让他表现了独立性，又往往能心甘情愿地顺从你的建议，双方皆大欢喜。

2. 转移孩子的注意力

如果孩子执意反抗，父母就必须想办法转移他的注意力，例如：给他心爱的玩具或卡通，待其情绪好转时再与他沟通。不要非强迫他顺从你不可，更不要威胁他或利诱他。巧搭梯子，让孩子自然下台。孩子有时是为了逞能而耍犟，这时，你要顾全他的面子，帮他搭梯子，

让他体面下台。如果他的考试成绩一落千丈，你不能对他嘲笑讽刺，否则会适得其反，迫使孩子走上“反抗不归路”。

3. 多给孩子一些爱

一些心理学家强调，要使孩子服从、不反抗，就必须给他们多一点爱、关怀与了解。事实上，反抗的行为几乎经常发生在每一个家庭，然而，一个苛求、缺乏爱的家庭似乎更易养成孩子叛逆的心态。家长应忽视缺点，赞扬优点。假如你希望孩子的错误行为不再发生，你就得狠下心来，忽视一切的错误行为。除了忽视他的错误行为外，你还得去夸赞他一些良好的表现。赞扬本身虽然只是一件小事，但对孩子而言，它已代表了你对他的爱、关怀与注意，以后他会乐于服从的。父母切记，处罚绝不是办法，因为这会阻止孩子自我意识的发展。

4. 因势利导，不要破坏孩子高兴的情绪

有时孩子玩儿得正高兴的时候，父母突然打断并要求他做他不愿意做的事，这会成为引起孩子反抗的导火线，甚至还会使孩子与父母对抗。近来报刊上不时披露的青少年离家出走的事情，不少就是孩子在感情上与父母疏远、对抗而采取的极端之举。两代人应当相互尊重各自的秘密，并将此视为尊重他人人格尊严的重要内容。尤其是父母要尊重孩子的权利，不偷看孩子的日记和信件，不偷听孩子的电话，不强迫孩子说出不想公开的秘密。

当然，父母负有监护人的责任，但这种监护是监督与保护之责，是以尊重为前提的。父母的权力在于通过自己的教育影响，使孩子能够独立面对秘密并从容、恰当地处置。如此正确对待、巧妙地实施，可以帮助孩子健康、自信地度过人生的两段关键时期。

从这个阶段起，尊重孩子是独立的个体的事实，培养他们的责任感，才是父母最重要的任务。

不理性责备，只会让孩子更极端

很多父母想不通，我的孩子小的时候很乖巧，文文静静的，怎么到了青春期就 180 度大转弯？染着各色的头发、打架斗殴、赌博……让父母操碎了心。

王冬梅是家里的独生女，从小娇生惯养。冬梅 16 岁那年，二胎政策开放，爸爸妈妈决定给冬梅生个弟弟。妈妈怀孕之后脾气不怎么好，经常腰酸背痛，没有精力继续照顾冬梅的饮食起居，于是开始和爸爸商量让冬梅住校，每周回家一次。

半年之后，妈妈的肚子越来越大，行动有些不方便，每次指示冬梅做什么她都会很不耐烦地帮妈妈做，经常在家里和妈妈发生口角。爸爸妈妈都发现了冬梅的异常，但是考虑到她正处于叛逆期也就没和她一般计较。可是慢慢地，妈妈发现冬梅越来越爱打扮，每周回家都会和妈妈要钱买衣服，而且似乎肚子越来越大，经常恶心，仔细一想，和孕初期反应很相似，于是便偷偷地将冬梅叫进房间询问。

原来，爸爸妈妈为了要二胎让冬梅住校的行为在冬梅看来是在驱赶自己，家里容不下自己了。对于父爱母爱的缺失让她很没有安全感，刚好班上的一名男生的情况和自己相似，两个人越走越近，很快就确定了恋爱关系，而且发生了性关系。爸爸妈妈对自己之前的行为感到后悔，流着泪将女儿拥入怀中，但是错已铸成。

其实，每个孩子都希望自己成为同龄人中的佼佼者，成为父母、老师的骄傲，但现实却并非如此，不是每个孩子都可以变得很优秀。一旦他们不是那么优秀，或者感到自己被人忽视了，就会沉沦堕落；也有的孩子原本成绩优秀，但其实每次的优秀成绩对于他们而言都如同心灵的煎熬。正由于他们备受瞩目，所以他们才更累，他们想放纵的想法就在内心之中蠢蠢欲动，他们会不由得羡慕那些不用考试、不用面对老师与家长严肃面孔的同学，过不了多久，他们就会尝试着抛开一切，放纵自己。

学校里有很多孩子非常羡慕那些故意和老师作对、欺负低年级的孩子的同学，在他们看来，只有这样做才可以得到周围人的尊重和认可，他们也会效仿这种行为。如果父母不对孩子的行为进行引导和控制，就会对孩子未来的成长造成恶劣影响。

处在青春期阶段的孩子，精力充沛，思维敏捷，记忆力强，情感丰富，但是这个时期是孩子身心健康趋于定型的阶段，是走向成年的过渡阶段，也是性意识萌发、发展的时期，他们的心理与生理发育常常不同步，有半成熟、半幼稚、叛逆等特点。所以，父母应当注重孩子的这个心理素质发展的关键阶段，不能直接批评孩子的不良行为，引起孩子的叛逆情绪，也不可以任其发展，导致他们误入歧途。那么父母该怎么做才能避免青春期的孩子学坏呢?

1. 孩子做了坏事，千万不能打骂

孩子做些“坏事”不代表孩子就是“坏孩子”，家长千万不能给孩子贴上“坏孩子”的标签，但也不能放任不管。家长在确信孩子做了“坏事”后，首先要帮孩子把事情的影响化降至最低。有的家长觉得只有“打”才可以改正孩子做坏事的行为，其实错了，打得越厉害，就越会疏远父母和孩子之间的感情，孩子就会更加孤独，在家庭之中感

觉不到温暖，孩子甚至不敢回家，在外流浪，和社会上的不良分子交往，很容易被其利用，最终步入歧途，甚至触犯法律。

2. 细心观察，防患于未然

日常生活中，家长要随时观察孩子的思想动向，若孩子的零花钱突然增多，孩子的脸上突然出现瘀伤，家长要引起重视，这很可能意味着孩子可能在外面打架或偷东西了。家长要仔细排查可能出现的情况，无论通过什么方法，都要让孩子自己露出破绽，承认错误，但是不可以伤害到孩子的自尊心，如果事态的发展允许对孩子的错误行为保密，家长要履行诺言。否则一旦失去教育孩子的机会，孩子就会再也不相信你。

3. 让孩子明白是非对错

虽然青春期的孩子已经有了是非观念，但仍然很容易受到影响甚至被改变，父母应当经常培养孩子的是非观念，让孩子明白家长是不允许孩子的这种行为的。对此类孩子进行矫正，家长应当首先帮孩子形成正确的是非观。想做到这一点，一定要从现有的实际水平出发，逐渐提高，经过反复教育即可培养孩子的是非观。

平复孩子的浮躁，要对症下药

有的家长很不理解，自己的孩子为什么这么不定性，今天喜欢这个，明天喜欢那个，总是一副心绪不宁、见异思迁的模样。

杨茜是个“胸怀大志”的孩子，一开始爸爸妈妈还因为她怀有的“抱负”而感到满足，但是渐渐地，问题就出现了，他们发现孩子的“抱负”不过是说说，并没有什么实际的意义。比如，杨茜看到歌星挣大钱，拥有光鲜亮丽的外表、住着豪华的房子，于是就有了当歌星的想法，一开始还认认真真地去妈妈给自己报的培训班上课，没几天就没了兴趣，嫌苦嫌累，而觉得比自己更努力的人都不能当歌星，哪能轮到自己呢。后来杨茜又在杂志上看到了企业家、经纪人的神气，于是又想当企业家、经纪人，可是又不愿为了实现自己的理想努力学习，最终选择了放弃。后来，杨茜的同班同学钢琴比赛拿了一等奖，学校派她去市里比赛，又得了大奖，被保送至重点高中。杨茜不禁和妈妈抱怨：“如果一开始你们让我学习钢琴，没准儿我也可以保送呢！”妈妈无奈地摇了摇头，杨茜的兴趣爱好转换得太快，做什么事都没有常性，今天学绘画，明天学电脑，后天又开始天马行空，三天打鱼两天晒网，热度说升就升，说降就降，到最后一事无成。

孩子心理浮躁怎么办？这是很多家长发现的自己孩子身上的问题。什么事情时间一长就坚持不住了。青春期是个半熟的年纪，处在这个阶段的孩子内心之中一片茫然，让他们无法宁静下来，变得浮躁。他们很容易出现焦躁的情绪，因为他们更渴望短时间内成功；他们经常盲目冒险，缺乏思考，甚至容易做出违法犯罪的事。浮躁是孩子成长道路上的大敌，那么家长该如何引导孩子走出浮躁呢？

1. 引导孩子立志要专一

中国有句俗话：“无志者常立志，有志者立长志。”父母应当告诉孩子，立志不在于多，而在于“恒”，防止孩子“常立志而事未成”。就像赫伯特所说：“人不论志气大小，只要尽力而为，矢志不渝，就一定能如愿以偿。”

2. 重视孩子的行为习惯

家长要求孩子做事之前应该先思考，后行动。比如出门旅行，应当先决定目的地和路线；上台演讲之前要先准备讲稿。父母要孩子做事以前应该问自己：“为什么做？做这个干吗？希望得到什么样的结果？最好怎么做？”同时作出具体回答，写到纸上，让目的更加明确，言行、手段具体化。

3. 要求孩子做事有始有终

家长应该引导孩子做事不焦躁、不虚浮、踏实，做事的时候一次做不成就一点点分开做，积少成多，最终达到理想的目标。

4. 有针对性地“磨炼”

父母可以采取适当的方法有针对性地“磨炼”孩子的浮躁心理。如指导孩子练习书法、绘画、围棋等，有助于培养孩子的耐心与韧性。还可以教孩子学会调控自己的浮躁情绪。比如，做事时孩子可通过语言进行自我暗示，“别要急，越着急就越容易出错”，“不要这山看着那山高，踏踏实实才能把一件事做成功”，“坚持就是胜利”。只要孩子坚持不断地做这些心理练习，浮躁的毛病就会逐渐改掉。

5. 通过榜样教育孩子

身教重于言教。父母应当从自己做起，调适自己的心理，改掉身上的浮躁气息，给孩子树立勤奋努力、脚踏实地工作的好形象，通过自己的言行影响孩子。鼓励孩子通过一些榜样，如科学家、发明家、钢琴家、相声表演艺术家等生动、形象的优良品质检讨自己，督促自己改掉浮躁的毛病，形成坚忍不拔的好品质。

你不知道却很有效的“代币法”

孩子之所以“屡教不改”，就是他们没有发现改正错误的希望。有一种“代币”的方法可以起到这种作用，细心的父母不妨一试。

1. 使用“代币法”的好处

“代币法”是心理治疗中常用的一种行为疗法，对小年龄或智力发展沉缓的孩子效果很显著。“代币”即真正奖励物的暂时代替，就像“小红花”“红五星”等一样。“代币”可以是实际的物件，也可以是打点、画勾一类的记号，无论什么东西都可以，但在具体使用时要合乎以下原则：安全、耐用、便宜；数量容易控制，使用起来方便；不是孩子急切想要的东西。这种方法的最大优点就在于当孩子表现出良好行为时，不是立刻就满足他的要求，比如“我不哭，你就得给我买玩具”，而是经过一段时间才满足孩子的要求。因此，孩子要达到某种目的，就需要他将某种好行为保持一段时间后才能达到目的。这对于孩子形成良好的习惯是很有好处的。由于这种方法可以很好地提高合理行为有意识反复出现的频率，同时因为有“代币”刺激，也可以使孩子的合理行为得到进一步的鼓励，起到“望梅止渴”的作用。

2. 实例细解“代币法”

一个女孩，小学三年级学生，毛病是上课不能集中注意力、爱说闲话、做作业速度慢、脾气大、吃手指甲，甚至上学常常拖拖拉拉，

等等。无奈之下，母亲只好带着孩子去看心理医生。

心理医生与女孩“谈心”。女孩也知道自己有很多“毛病”，可就是无法及时地控制自己。心理医生经过与父母研究认为，在她的旁边安个“提醒器”就可以解决问题了。

心理医生在确认了女孩本人愿意改正的决心以后，根据孩子的年龄和性格特点，决定采用“代币法”。

心理医生先同女孩的妈妈和女孩一起将所有要改正的不良行为列成表格，然后请女孩把自己想做的事、想要的东西、想实现的愿望都统统写出来，最后帮助女孩的妈妈和女孩一起制定了如下的“代币”规则。父母以自制“纸板”为“代币”，具体情况如下：

①每天按时到校，得 1 分。

②上课的时候不说话，得 3 分。

③上课回答问题，每天回答 5 次以上，得 4 分；每天回答 3 ~ 5 次，得 3 分；每天回答 1 ~ 3 次得 2 分。

④独立完成作业，一个小时内完成，加 1 分；全对得 4 分；85%以上正确，得 3 分；60%以上正确，得 2 分。

⑤自己整理书包，不忘记带东西，不少带东西，得 2 分。

附加规则：

①每月可先给孩子 10 个“预支板”。如果父母认为孩子本月表现不错，可以加入孩子的“代币”总量中，否则就要扣除。

②获得老师点名表扬，每次得 5 分。

③一个星期内未受老师批评，得 3 分。

④被老师罚抄、罚做作业或合理的批评，每次扣 1 分。如果孩子表现不错，爸爸、妈妈每人说 5 句让孩子开心的话。

孩子所得分数奖励如下：

10 分，一句好话和一块巧克力；

20 分，父母说表扬的话和一个小黄鸭玩具；

25 分，父母说表扬的话和樱桃小丸子铅笔盒；

35 分，父母说表扬的话和外出游玩一次。如果孩子不愿要以上奖品，可以把这些钱积累起来买孩子需要的东西。

这个女孩感到“代币法”很新奇且有刺激性，很乐意这样做。为了让孩子更有信心，医生让女孩把“代币”带在身边，放在口袋里或铅笔盒中。建议父母和孩子一起制作一张挂图挂在家中，比较详细地记录女孩获得“代币”的数量。

这样做有两个目的：第一，用具体可见的“代币”提醒孩子，增强她自我监督的意识。第二，具体可见的“代币”只是一种暂时的奖励替代，可以起到心理激励作用。

不同的行为对应不同的代币数目，不同的代币数目又对应不同的奖励，这样就避免了以一次行为来定论的局限，可以避免主观性，又为孩子提供了足够的选择行为的方式和获取奖励的机会，孩子在行为改变的同时，就会不断形成自我管理的好习惯。

经过一段时间的施行，女孩有了很大的进步，不但上课经常受到老师的表扬，写作业的速度也大大提高了，父母子女的关系也得到了很大的改善。

“代币法”的具体内容可以根据孩子的不同情况灵活调整，必须记住的是，父母应该与孩子一起来完成，但是毕竟最后的行为实施者是孩子本人，所以应该注意以下几点：

1. 这种方法有“鼓励”成分，孩子应该比较容易完成，通过完成几个比较简单的行为，如按时上学或“预支代币”等形式去激发孩子的主动性。千万不要把目标定得太高，力所不能及，这样孩子就得不

到刺激和鼓励，很快就会丧失尝试的兴趣。

2. 属于生活必须使用的物品，父母应该照常提供，不要把这些东西也变为奖励品。

3. 奖励品要比较合理，不要“克扣”，也不要“盲目奖励”。整个家庭都要步调一致，不能够随意改变。如果有一个人随意改变代币规则，就有可能使“代币法”无法顺利进行。

灌输契约精神，让孩子懂得规矩

人与人之间的契约关系，是资本主义社会最早、最重要的产物，其思想渊源来自卢梭。卢梭曾提出一个观点：老师和学生之间应该形成一种平等的契约关系。在他之前，没有人这样说，因为老师历来都是管学生的，学生只能是被管的，学生怎么能跟老师订契约呢？但事实上，卢梭的观点已经被现代的教育者普遍接受了。

（一）契约的意义

契约是双方经过谈判，共同同意的一种对双方均有约束力的约定，它可以是口头的，也可以是书面的。像小孩子们一起玩弹玻璃球、跳房子之前大家“说好”的规则，就是一种口头契约；像商人之间做生意，要先订合同，谈好条件，价格是多少，交货时间等都写进去，这就是书面契约，双方必须遵守，不得违约。契约本身带有一种平等的性质，因为它必须是双方都同意的。

现在在多数发达国家社会里，契约精神被广泛应用，不但师生之间包含着某种契约关系，连家庭里也有不少契约关系，如夫妻结婚之前先订个契约，怎样处理婚前各自的财产，父母与子女之间订的契约，则比较多地带有教育性，大多是为了训练孩子的行为而订的。

（二）实例讲解“契约法”

有一个故事发生在美国。在一个再婚家庭里，有个少年名叫阿尔伯特，他是个非常不听话的孩子，与继父关系很紧张。平时他对继父总是绷着脸，心里怀着很强烈的对立情绪。有一次，阿尔伯特为了一点小事就用菜刀威胁继父，吓得继父只好找来警察。

后来，继父找来了心理学家。经过分析研究，发现阿尔伯特有一个爱好，就是特别喜欢开汽车，并且很希望自己拥有一部汽车。心理学家与阿尔伯特的继父商量，让阿尔伯特的继父借给阿尔伯特 400 美元买了一部旧汽车。继父与阿尔伯特订立了这样的一份契约，大概内容如下：继父借给阿尔伯特 400 美元买一部二手汽车，阿尔伯特以每周还 5 美元的方式归还。阿尔伯特可以采用以下方式挣钱：

1. 阿尔伯特星期日到星期四晚上留在家里，或者在每天晚上 9：30 之前把汽车钥匙交给继父，每晚 40 美分；

2. 阿尔伯特星期五和星期六晚上留在家里，或在半夜 12：00 前把汽车钥匙交给继父，每晚 60 美分；

3. 每星期一次，在白天（具体时间由阿尔伯特自己决定）把门前屋后的草坪修整好，每周 60 美分；

4. 阿尔伯特星期一到星期五，每天晚饭前把家里的狗喂好，每次 10 美分；

5. 阿尔伯特每天 6：30 前回家吃晚饭，或者按早上母亲说的时间按时回家吃饭，每次 5 美分；

6. 阿尔伯特离家前，最迟不能超过中午，收拾好自己的房间，每天 5 美分。如果全部做到，这些钱正好是 5 美元。

阿尔伯特要是做不到，就按以下条款给予处罚：

1. 按照不能做到的条款的价值，阿尔伯特将在下一个星期被限制使用汽车，每缺 5 美分就限制使用 15 分钟；

2. 阿尔伯特如果什么都办不到，就在下一个星期完全剥夺使用汽车的权利。

上述条款由继父负责执行。条款还规定，阿尔伯特做了其他好事，可以向继父和母亲提出来，并且商量好这些好事的价值。

契约还规定，双方只要提出要求，均可以修改甚至重新订立契约。

这份契约还真管用。从此以后，阿尔伯特很快地改变了他不听话的行为。为了尽快地得到这部汽车，他还表现出了许多意想不到的好行为，他与继父之间的关系也变好了。等到这部汽车属于阿尔伯特所有，他与继父之间已经建立起亲密的感情。

现在的父母，特别是面对初中生的时候，父母子女对立的情况是经常发生的。如果你遇到这种情况，不妨也采用这种方法试试。这种方法一方面很简明，便于把握；另一方面是从小就能培养孩子按照规则办事的好习惯。

利用“契约法”，家长尤应注意以下两个原则：

1. 父母一定要坚持原则。不给孩子退路，不能把定过的原则随便网开一面。口子一开，就不可能再收起来。迟早孩子和父母都得过这一关，如果父母败下阵来，就可能永远被孩子牵制。丧失了父母教育的主导权，孩子的私欲就会无限膨胀。最后孩子可能变得乖戾、暴躁、无法无天。

2. 父母要信守契约中自己的承诺，愿赌服输，不可以只要求孩子

遵守，自己随心所欲，不讲诚信。这样不过是在教孩子如何出尔反尔，不讲信用，如此失德的父母，如果能够教出正直懂事守规矩的孩子，才算奇迹。

订立契约对有些比较调皮的孩子尤其管用，即使对那些懂事、对听话的孩子，这也不失为一种培养平等、守约观念的好办法，家长朋友们不妨一试。

引导反省，让孩子真正知错改错

一个善于自我反省的人，往往能够发现自己的优点和缺点，并能够扬长避短，发挥自己最大的潜能，去做好每一件事；而一个不善于自我反省的人，则可能会一次又一次地犯同样的错误，不能很好地发挥自己的能力。

(一) 反省的意义

善于自我反省而成就事业的人屡见不鲜，因不能自省屡屡失败的人也不在少数。所以培养孩子，就需要培养他们做事自我反省、自我修正的态度，这样才能使他们在做事的时候减少失误，早日成功。

姑姑送给童童两条美丽的小金鱼。童童十分喜欢，把鱼儿放在玻璃缸里，看它们在水中自由地畅游。有一天，童童突发奇想，把金鱼从水中捞出来，丢在地板上。看到金鱼不停甩动尾巴，童童觉得很好玩。

“童童，你怎么这么残忍！鱼会干死的，赶快把它们放回水里去。”妈妈看到这一情景，大声呵斥童童。童童无动于衷，对妈妈的呵斥置若罔闻。这时，外婆走过来说：“童童，如果你口渴时不给你水喝，你会怎样呢？”“我会很难受。”童童有过口渴难耐的经历，便不假思索地说。

“是啊，没水喝很难受，可你把鱼从水里抓出来丢到地上，让它们没水喝，你说它们难不难受啊？而且，鱼是水生动物，比人类更需要水，一旦离开水，很快就会死的。它们拼命甩动尾巴，是因为它们太难受了。”外婆继续开导童童。童童不作声了，沉思了片刻，他对外婆说：“我错了，我以后再也不把金鱼丢到地上玩了。”

当孩子做错事时，让孩子学会自己去反省，去总结经验教训，他们便不会再犯同类的错误，效果会比家长一味地斥责要好得多。

（二）引导孩子学会自我反省

要让孩子学会自我反省，就应该让孩子学会总结经验教训，因为总结经验教训事实上就是对自我行为的一种反省。例如，一个孩子用打架来解决与同学之间的矛盾，如果他在打架上吃了亏，他会想：“上次我感到生气的时候是用打架来表达我的愤怒的，结果我被别人打了。那么下次发生这样的情况时，我该怎么办呢？我可以不用打架的方式吗？我应该想一想更好的解决问题的方法了。”

所以，培养孩子善于做自我反省，家长应该注意以下几点：

1. 教育孩子不必对他人的批评大惊小怪

在教育孩子的过程中，我们在提倡赏识教育的同时，也不应放弃对孩子的批评教育。当然，批评孩子的语气要温和，批评孩子的缺点应该中肯。父母还需要告诉孩子，在接受他人批评的时候要认真倾听，保持平和的心态，有则改之，无则加勉。

2. 允许孩子做出解释

当孩子有了过失，父母如果允许孩子对事情做出解释，不仅可以更全面地了解事情的真相，还可以引导孩子进行自我反省。比如，为什么自己的行为得不到别人的认可，是不是哪里做得不好，等等。当然，父母应该让孩子明确的是，允许他做出解释，并不是让他推卸责任。

3. 批评孩子时要诱导孩子反省

父母在批评孩子的时候不仅要讲究批评的方式和方法，而且对其他孩子的评价也要适当，不能过分夸张。父母应该让孩子明白，对待批评，头脑应该冷静，不要过于冲动，但这并不表示默不作声，而是应该仔细反省自己的行为是否有不恰当的地方。

自我反省是孩子成长的一个秘诀。一个不会自我反省的孩子永远也长不大。懂得自我反省的孩子，就等于掌握了自我完善和健康成长的秘方。

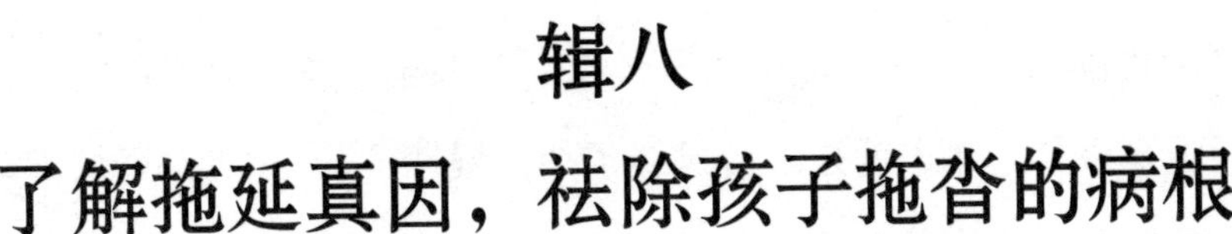

辑八
了解拖延真因，祛除孩子拖沓的病根

所有拖延行为的背后，都有爸妈不知道的深层原因。所以，当我们所做的努力没有好的效果时，就需要从更深层次去探索这一行为的源头，从而找到最根本的改进方法。

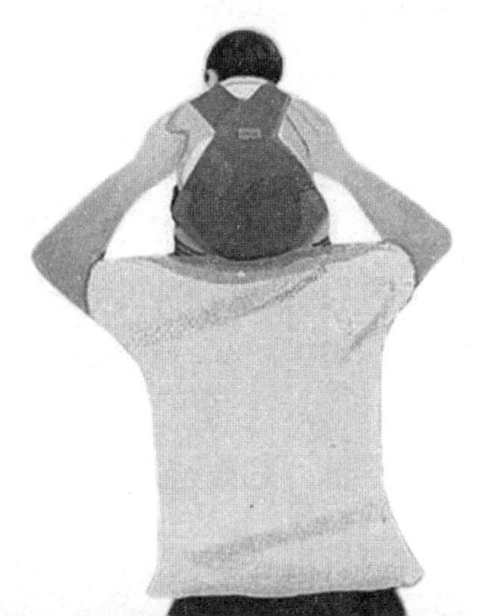

孩子拖延，病根到底在哪儿？

“孩子，你能不能快一点！”这句话很多家长都说过吧？孩子做事慢吞吞：慢吞吞地吃饭，慢吞吞地穿衣服，作业总是拖到半夜才写完，画个图也画上半天……大人急得火烧火燎，他还是不徐不疾的！爸爸妈妈沮丧极了，逢人就抱怨自己养了个“慢性子”。其实，更加不幸的是：作为父母没有找到导致孩子“慢性子”的深层次原因，因而总是不能对症下药，结果往往是适得其反。

那么，究竟是什么原因让孩子如此拖延的呢？

(1) 先天因素

拖延并不只是一种坏习惯，有诸多研究已经表明，生理原因也会造成这一现象。在人的大脑功能分区中，与计划、控制、注意力和执行有关的脑区，是大脑前额叶皮层功能区。当这部分区域功能受损或不活跃的时候，大脑排除杂扰事物的能力就会降低，注意力也会严重受到影响，做事效率会显著降低。如果孩子的运动协调能力、注意力以及反应能力比同龄人逊色，一个最直接的后果便是无论做什么事情都仿佛“慢半拍”。

作为父母我们需要注意观察，如果你的孩子在运动协调能力、注意力和反应能力方面，与同龄人存在一定的差距，那么就应该相应地

锻炼刺激他们大脑这一功能区域的发育，比如让孩子多参加体育运动，如跳绳、打球、下围棋或者游泳等，这对于刺激孩子神经末梢和协调功能来说很有效果。另外，对于这样的孩子，父母不应该给孩子下达过多的学习任务，而是应该鼓励孩子多运动，同时可在睡前对孩子进行全身按摩。

（2）心理因素

造成孩子拖延的心理因素细说起来有很多，但总结起来就是一条——凡事拖拉的孩子，通常不痛快。

诸多家庭实例已表明，凡事拖延的孩子，往往有一个性格急躁、期望值高和控制欲强的父母。在对教育孩子的过程中，这些父母总是在给孩子施压，不断地在“督促”和“强制”孩子完成他们给孩子定下的目标，根本不给孩子选择的机会。面对如此强势的父母，孩子往往会产生很深的无助感，最后只能选择将拖沓作为无意识隐性对抗语言，在心里不断给自己暗示“我没有自由做决定，但我可以拖延你们的决定”，并由此强化了自己的拖拉行为。

要改变孩子的这种心理状态，最重要的就是培养孩子的自我意识。孩子的自我意识，在于尊重孩子和给孩子选择权。打个比方说明一下，如果在孩子写作业的问题上，你一直在旁边啰唆不停喋喋不休，孩子就会受到心理刺激，往往会把“拖着写”作为自己的武器来与你进行软对抗。反之，如果你从小就把写作业的事情交给孩子，孩子慢慢便能够学会自己掌控时间。

（3）行为原因

有些孩子的拖拉只是单纯行为层面上的。但是在这些行为背后，却潜藏着缺乏时间观念、做事没条理、缺乏计划性、注意力不集中等

客观因素。如果一个孩子没有时间观念，他就不会觉得原本一个小时就能做完的作业却用了两个小时是一种时间浪费，会带来某种损失；如果孩子做事没条理缺乏计划性，他就不能很好地把握事情的重点和节奏，那么效率必然不好。此外，孩子做某一件事时，如果周围环境不好，经常出现诱惑因素，他们自然难以专注地做事情。

对于这些原因造成的拖沓行为，父母首先一定要给孩子明确界限，让他们知道，哪些行为可以接受，哪些行为是绝对不能接受的，一旦孩子出现越界行为，必须要对其进行适当合理的惩戒，以强化孩子的行为自律性。以培养孩子的时间观念为例，当孩子在做某事时，可以和孩子达成一个共识，也就是一个现实的时间限定，把守时的任务交给他们自己，比如“准备好书包，5 分钟后出门”、“9 点钟准时睡觉，8 点 40 之前请把作业完成”等。这种简短陈述的目的是让孩子意识到：我们希望，也认为他们能够准时。始终用这种正面的预期方式，让孩子自己觉得时间短暂，他们才会自动自觉地抓紧时间。如果孩子写作业磨蹭，那么不断督促和代替完成都是极不可取的，我们先别急，让孩子自己急。如果孩子没能完成老师布置的作业，老师肯定会问他原因，并进行批评。孩子受到教育后，就会认识到拖延带来的害处，以后就会加快速度。

（4）习惯了包办代替

有些父母常会因为孩子慢，觉得与其让孩子自己做，还不如自己替他做，这样更省心，更省事。时间长了，这种包办代替的做法剥夺了孩子锻炼的机会，不仅会使孩子的惰性越来越强，而且他们的自理能力和动手能力也得不到锻炼，做起事来当然不会得心应手，变得拖拖拉拉的了。长此以往，更是会形成对父母的习惯性依赖，即使是面

对一些自己能够完成的事情，他也会在那里不紧不忙地磨蹭着，等待家长的援助之手。

比如孩子早晨起床后磨磨蹭蹭的，爸爸妈妈由于害怕孩子上学迟到而急得不得了，可是孩子却在一旁依然慢条斯理的，因为孩子心里明白，自己动作磨蹭一点没关系，到时候妈妈会来帮我的，反正上学是迟到不了的。所以，要想让孩子不再磨蹭，父母就必须剔除对他的多余的关爱，让孩子远离对父母的依赖，更不能因为看孩子干得慢就包办代替。

(5) 父母的反面作用

有拖沓的父母，必有拖沓的孩子，父母平时不注意约束自己，懒懒散散，拖拖拉拉，起到了反面教材的作用，孩子有样学样，也变得拖延。

在克服孩子拖延症的问题上，父母的表率作用非常重要，当我们为孩子的拖延苦恼时，首先应该反思自己在遇到事情的时候是否也有拖延的行为。如果你不想孩子拖拉下去，那么首先就应该杜绝自己的拖延行为。

慢孩子从父母的看不惯开始

有些父母性子急、思维反应快、处事果断利索、做起事来风风火火，他们的价值观较高、期望值也很高，做事讲究效率、喜欢操控和教导人。这类父母养育孩子的方式，往往以说教、给现成的答案、命令（“你应该……”“你不应该……”“你必须”）为主。在这种教育模式下，孩子体验到的是：总有人替我做决定，安排好我要做的事，根本不必独立思考。因而他们很难养成对自己行为的责任能力。

这类父母有一个通病，就是总以成人的行为标准要求孩子，而并

不是设身处地考虑孩子的实际情况。事实上那些在成年人看起来很简单的事情，小孩子不可能很快地、熟练地掌握技巧，他们需要花很长时间逐渐学会快速地穿衣服、吃饭、做手工、做上学前准备等。而这个时候，对他们最好的帮助就是父母的态度：对孩子的成长给予耐心，对任务的困难进行评价。如“要把自己的床铺收拾好很不容易”、“一小时之内做好这个模型很难”等。这样的评价对孩子而言是一种潜在鼓励，不管他们的努力最终是失败了还是成功了，他们都会接收到良好的心理信息。如果孩子成功了，他们知道一件很难的事情被自己征服了，会产生满足感，并再接再厉；如果孩子失败了，他们从父母那里接收的信息是“这件事并不容易”，因此也不会产生过分的恐慌和自责，同时孩子感觉到了理解和支持，这会加深他们与父母之间的亲密感。

我们最不愿意看到的是，那些不客观的父母，特别是唠叨型的母亲，在孩子做某件事情失败时，或没按他们的预期完成时，一股脑儿地表达自己的不满情绪，数落和指责孩子（这时孩子接收到的信息是自己的能力不够），从不允许孩子说出他们的想法。这种教育模式如果一直重复，孩子的“无能感”就会日趋严重，从而导致退缩行为。可以这样说，拖沓孩子的父母，一定是用成人的效率在要求孩子，但孩子是不可能达到这个标准的。这种效率对孩子来说，是束缚、是敌人，它会造成孩子情感的压抑和性格的极端任性。孩子需要试验、探索、努力的机会，也需要父母的耐性，你不给他这些，等于是在揠苗助长，结果就是适得其反，你要求得越高，孩子就越慢。事实上，大多数孩子的慢性子，就是被大人对效率的一味要求弄出来的。

在孩子的教育问题上，父母的行为模式决定着孩子的行为表现。

因此要改变孩子的拖延习惯，父母首先应该从正视自己的行为方式开始。如果你的情绪难以自控，容易口不择言，看不惯孩子的动作慢，那么，在要求孩子之前，请先学会控制自己的情绪，避免让孩子感觉到你的不信任和不耐烦。其次，要给孩子保留成长的空间，也就是说，你的行为模式应符合孩子的心智成长的规律。

你说他拖沓，他就拖沓给你看

有个妈妈在同学群里说自己六岁的儿子做事特别拖沓。正好群里有个男同学是做教研的，他就问："你教育孩子的时候是不是还像上学时那么急躁啊？"她说："是的，我和爱人的性子都比较急，看不得孩子慢吞吞的样子。"那位男同学告诉她："你忽略了一点，别人家的孩子，他的父母可能没有你们这样的急性子。孩子从小到大在你身边长大，你从孩子开始记事起，就对孩子强调说，你这也慢，你那也慢，这种暗示就使孩子按你说的方向发展了。"

我们都知道孩子生理和心理的发展有个过程。在他小的时候，做很多事情，在家长看来的确是慢吞吞笨手笨脚的，如果家长缺乏耐性的话，看孩子穿件衣服要花半个小时，扣个扣子要花十分钟，就耐不住了，往往呢，不是不停催促就是取而代之，结果就是，孩子不是因为在家长的催逼下产生对抗心理，就是因为缺乏生活当中必要的动手锻炼的机会，因而越显笨拙。这时家长又会指责孩子说 :“你怎么这么慢啊？一天到晚磨磨蹭蹭的，好像做什么事都比别人慢半拍。”这样就进入了一个恶性循环，孩子会更为缺乏实践的经验，还有缺少必要的信心，在做事情时的心态、动作和节奏上远远跟不上同龄的孩子。因为这时他认为他就是这么笨，他就是这么慢。

开始说的那位妈妈是时候该反省一下自己了——还有比给六岁的孩子贴上“拖延症”的标签，更能导致孩子拖延的吗？孩子的认知、思维能力有限，会以父母对自己的评价来评价自己。你认为他有拖延症，他不拖延，对得起你吗？拖延是结果，是表象，我们应该要冷静地分析原因，而不是忙着盖棺定论，乱贴标签。

希望家长们能够认识到一点，孩子因为能力有限的“慢”不是拖延，家长需要放慢自己的脚步，配合孩子的节奏。孩子做功课、做家务、生活细节上会比成人效率低、速度慢，但很多时候并不是因为拖拉，家长不能一味以成人的标准来规范孩子的行动，他毕竟是孩子，需要家长耐心地放低要求，多鼓励而非催促。

催促不断，孩子就会心忙手乱

“起床！起床！快起来！快去洗脸！快去刷牙……”一首名叫《妈妈之歌》的歌曲以及原创者的故事一时间被大量转载。创作并演唱这

首歌的，是美国喜剧女演员安妮塔·兰弗洛。48 岁的她是三个孩子的母亲，一次灵光乍现，她将自己催促儿女的话写成了歌曲。整首歌只听到一位母亲的急切："快啊，快点啊，不然就来不及了！"网友们听后忍俊不禁，原来，普天下的妈妈都是一样的。

《妈妈之歌》描述了一个现实：很多孩子每日生活在被催促之中，快速、高效、忙碌成为最基本的生活状态。曾经，父母叮嘱孩子的口头禅是"慢慢走，小心跌跤""慢慢吃，小心噎着"，现在孩子听到最多的是"快点吃饭""快点做作业""快点弹琴""快点睡觉"，甚至是"快点玩"。

父母为什么要不停地催促孩子呢？因为觉得孩子太拖延，打乱了自己的节奏，殊不知，自己这样做却打乱了孩子的节奏。

"快！快！快！"这种急迫而不厌其烦地催促传递着焦虑、愤怒，在孩子看来甚至带有敌意，那么，孩子就会用"慢慢慢"来对抗，正因为如此，通常父母的催促往往换来的结果是"越来越慢"。

当然，孩子也有可能被越催越快，但那只是慌里慌张地草草了事。然而我们要的结果并不是"简单地把事情糊弄完"，而是要让孩子养成"把该做的事情做好""自己的事情自己做"的习惯。过分地催促孩子反而会使他们养成做事毛躁的性格。

做父母的，要懂得尊重孩子的内心节奏，要根据实际情况来教导孩子。事实上，孩子的节奏不可能完全跟得上大人对效率的要求，孩子与大人的生活节奏、生理节奏以及生命节奏都是大不相同的，对孩子的情感而言，效率是种束缚，给孩子过高的效率要求，家长势必会付出很高的代价，它可能耗损孩子的才智、抑制兴趣，可能会造成情感的压抑和性格的极端任性，可能会影响身体的激素分泌，对身体和

心理都有很大的损害。

有一位陈老师曾说，她在儿子八岁生日那天大受打击。为什么呢？因为她儿子想要的生日礼物竟然是“一个什么都不用干的周末”。她说：“我第一次如此真切地感觉到孩子内心的痛苦，这种痛苦深深地震撼了我。”

经常被打乱节奏的孩子，还会有早熟、易烦躁、耐性差的特征，或截然相反，表现为反应迟缓、自我压抑、对某些事物过分依赖。

第一类孩子学会了取悦他人并优先满足他人的愿望。

第二类孩子却因无法达到父母的要求而感到自己是“坏孩子”，从而失去自信。

这两种情况都容易让孩子丧失自我。

然而父母们通常看不到这些，他们看到的只有竞争，以及未来越来越激烈的竞争，他们变得紧张敏感，对自己生活中的空洞与空虚充满恐慌，于是自然而然地充当起孩子的教练，甚至是魔鬼教练。

王薇是一位六岁男孩的妈妈，她不无感慨又带着几分沮丧地说：“我承认，我的教育方法可能不是很恰当，孩子平时听到最多的一句话就是‘你快一点’。但我又控制不了自己这样去做，我还是认为追求高效快速的规则是有必要的——一旦生活节奏慢下来，就很有可能被别的孩子超越。”顿了顿，她又说，“尽管我也感觉到这种快节奏不是很合理，它的确影响了我们的正常生活，也与孩子的天性背道而驰。”

以“成功论”为导向的教育方式，别让孩子输在起跑线上，更高更快更好的标准，都促使了中国父母急切的心态。然而从孩子的长远发展来看，把竞争早早地引入其生活，破坏性大于建设性：家长给孩子施加压力，孩子身上的这种压力又全部反弹给家长，在这种恶性互

动中，最后双方都会不堪重负。在竞争焦虑氛围中成长，并被迫进入竞争轨道的孩子，更容易出现无力感、自卑感和心理失衡。总之，始于童年的竞争很少有赢家。

当然，凡事要一分为二地看，我们不能一味指责家长的做法，毕竟社会现状就是如此，爸爸妈妈们承担着巨大的压力，而且要找到一个适合照顾孩子和指导孩子的方式的确越来越困难。但我们还是应该试着和孩子一起放慢节奏去生活。让孩子根据自己的节奏去吃饭、穿衣，从而让他了解自己是谁，会做些什么。让他用自己喜欢的方式玩耍，以促进他把事物形象化、概念化，从而区分想象与现实，言语与行动。

回头想想，我们成年人，经受了多少日常的训练，吃了多少亏，走了多少弯路，才多少知道了一点轻重缓急，才知道怎样做事有效率，我们又凭什么要求孩子小小年纪就和自己一样亦步亦趋呢？所以，停止那些不必要的催促和逼迫吧，教育是一个漫长的过程，“不积跬步，无以至千里；不积小流，无以成江海”，“十年树木，百年树人”，别让自己的焦虑毁了孩子的生活。

在这方面，我们应该像龙应台学习一下。女作家龙应台对儿童的节奏格外尊重，并以她自己的智慧解决了女性在个人事业与母亲角色之间的冲突，感动和启迪了无数读者。她在《孩子，你慢慢来》一书中写道：“我，坐在斜阳浅照的台阶上，望着这个眼睛清亮的小孩专心地做一件事。是的，我愿意等上一辈子的时间，让他从从容容地把这个蝴蝶结扎好，用他 5 岁的手指。孩子，慢慢来，慢慢来……”

带孩子走出"完美主义"的误区

莎莎写作业非常慢，她一边写一边擦，别的小朋友用一个小时就能完成的作业，她需要两三个小时。这不是因为她不会做，也不是因为她写字慢，而是因为她写的字稍微让自己有一点点不满意，她就会全部擦掉重新写。所以花的时间就要比别人长很多。

壮壮也有类似的情况，自己写作业时要求特别干净，如果有一点点不满意，就会把整篇作业擦掉重新写。

追求完美的孩子对规则有着与生俱来的嗅觉，他们的是非观念特别强烈，有自己对于对错的判断标准，这是他们的强项。规则意识对个体的发展至关重要，它与人的个性是相互统一、相互促进的，会影响个性发展的方向和空间。在社会集体生活中，按规矩办事，就是对个体最有力的保护，它能使个体更好地适应社会，并且最大限度地发挥出自己的多种潜能。

追求完美的孩子还有一个比较明显的长处，那就是有一套明确的自我监督体系。在这套自我监督体系的监控下，他们总是努力实现自身对完美的要求，他们经常会感到有一种力量在推动自己变得更好。这种强大的力量不仅有利于自我发展，还有利于维持周围的秩序。

除此之外，对细节的关注也是追求完美的孩子的一个优势，注重

细节是很多孩子甚至成年人所缺少的制胜关键之一，而追求完美的孩子的家长就不必担心这个问题了。

不过，凡事要一分为二地看，有的时候，追求完美的孩子由于太过强调规则、过分执着于对错，而在做事的时候显得有些呆板，对自己和他人过分苛刻。什么事情都要求尽善尽美，要求非常细致，对事情经常不满意，经常反复做一件事情。这是他们显得拖延和没有效率的根本原因。

追求完美过于严重的孩子，长大以后会为实现不切实际的高目标而竭尽全力，以至于给自己的身心健康带来危害。他们严格判断自己是否达到设定的标准并评价自己的总体价值，这样的孩子若是达不到自己设定的标准，则会陷入深深的痛苦之中。因此，他们像是背负着沉重的“包袱”，时常表现出沮丧困惑。

过于追求完美的孩子也经常要求他人按自己的标准做事情。一旦发现自己或别人做得不对或是不够好，他们就会变成一个尖刻的批评家，会立即指出当中的不足之处。这种太过严苛的性格，不仅令自己显得过于刻板，还会影响人际关系的建立。

那么，家长该如何判断孩子对于完美的追求是否在合理的范畴之内呢？有严重完美主义倾向的孩子基本都具有以下特征，爸爸妈妈们来参照一下，看看你的孩子是不是被完美主义所困扰了：

1. 拒绝参加某一活动，因为无法得到第一；

2. 因为考试成绩得了 99 分，而没有得到 100，郁郁寡欢，非常自责；

3. 害怕某件事不能做完美，把应该做的事情一推再推；

4. 因为家长或老师对自己的评价是“良好”而焦虑忧郁，内心里

需要得到十足的肯定；

5. 坚决拒绝和与自己水平不相当的孩子共同完成小组任务；

6. 由于害怕不完美，做事时，过分纠缠在一件事上，不然就表现出完全放弃的极端态度；

7. 即使有些事情在老师和家长看来以他们的年纪而论已经很成功了，他们也完全不满意，严厉苛刻地要求自己，导致深陷痛苦而不能自拔。

8. 为达成自己所愿而创造属于自己的世界，为此他们花费了很多时间，并且十分讨厌他的世界中的秩序被破坏。

9. 一部分孩子有摄食障碍、神经性食欲不振或腹痛的症状，也有的孩子酗酒、有药物依赖，更有甚者，患上了忧郁症。

造成孩子完美主义倾向的因素有很多，包括害怕失误的恐惧心理，为自己设定高标准，父母的期待和唠叨，讲究整洁和秩序等，在这些因素中，父母的态度影响最为重大。因此，父母进行自我检讨是很重要的。请认真想一下：自己对孩子的期待有多高，如何养育孩子，自己的人生有何成就。若父母有完美主义倾向抑或过分地要求孩子，那么在纠正孩子的问题之前，父母应先正己身。

诚然，作为父母，要我们承认自己有不好的一面，的确不是件容易事。但请明白，父母做这样的努力可以影响孩子，使孩子的一生变得更加丰富多彩。我们希望爸爸妈妈们能在做如下努力的同时，慢慢改善孩子的状态。

1. 爸爸妈妈不要太焦虑

如果爸爸妈妈时时刻刻都在盯着孩子，过分关注他们的错误，就会给孩子造成一种心理压力，使他们很紧张。所以他们小心翼翼尽量让对方满意，就很容易形成完美主义性格。所以爸爸妈妈本身心理要放松，不要跟着孩子一起焦虑。只要孩子做得还可以，就不要把标准提高。通过增强孩子的自信，使孩子能对自己有信心。这样孩子就不容易出现强迫症。

2. 多鼓励孩子

父母应该通过鼓励让孩子对自己有一个正确的评价，因为这种类型的孩子不自信。多鼓励他，不要给孩子定过高目标，目的是使孩子能够自信起来。让孩子正视自己，“我可以做好这件事情”、“我完全能够胜任这种事情”。“其实你已经做得非常好了，不擦掉也是非常好的。”多用鼓励的语气与孩子说话。当然不只是写作业。

3. 引导孩子宣泄不良情绪

追求完美的孩子内心情绪很大，但很难表达出来。当产生怀疑或不满等不良情绪时，他们会选择将这些情绪深深地压抑在心里，表面上依然风平浪静。这些不良情绪很难被消化掉，当它们积累到一定程度时，或是突然如火山般爆发，或是进入更深层次的自抑，以致某些严重的精神疾病的出现。因此，追求完美的孩子的家长要善于引导孩子及时宣泄他们的不良情绪，允许他们偶尔闹闹小脾气，以利于他们保持健康的心理环境。

4. 提升孩子的抗挫折能力

一旦面对挫折和困难就陷入强烈的自我批评是追求完美的孩子的通病，因此追求完美的孩子的家长要重点培养孩子的耐挫能力，教给他们正确面对困难的态度，告诉他们在每个人的生命中都会出现这样或那样的难题，在遇到困难时不必太过自责，只要能找到问题的根源，及时调整自己的做事方式，就能克服眼前的困难。

5. 适当淡化孩子的竞争意识

追求完美的孩子往往都具有非常强烈的竞争意识，他们绝不能容忍自己落在人后，但正所谓“人外有人，天外有天”，孩子不可能在所有的竞争中都遥遥领先，更不可能强过所有人，倘若他们不能认识到这一点，那么一旦遇到挫折，就很容易造成心理上的崩溃。如果你的孩子的竞争意识过于强烈，就应该试着帮他去淡化一些，爸爸妈妈可以与孩子一起参加“毫无竞争性质的活动”。与孩子一起散步、郊游、画画、写故事等，远离分胜负的棋牌游戏。

6. 多说能改变孩子内在认识的话语

“如果你所有的科目成绩都是‘优’，我可能会更开心，但这并不是成为优秀人才所必需的。”或者说“能拿‘优’更好，但其实你拿‘良’我也同样开心。”诸如此类，指导孩子与自己进行肯定的对话。把“一定”“不可以这样做”这样的话语，变成类似于“你很努力，这就够了”“我永远为你骄傲”这样的话语。

总而言之，爸爸妈妈要让孩子明白，充满自信地坚持自我才是每个人必须拥有的素质。让孩子知道，其实大家做事都是为自己而做，自己满意就可以了，或者能让一些人满意就够了。没有必要太苛求自己，只要尽力，不管是否成功，自己能感到快乐、幸福就好。

让孩子懂得，没必要被琐事耽搁

小孩或许都有一个习惯，那就是会将自己的心思纠结在所有的事情上。不管是大事还是小事，也不管事情值不值得关注，他们都可能会因为这些事情而打乱心思。尤其是一些小事情，根本不应该让孩子“放在眼里”，免得让孩子长大后变得“婆妈”。

爸爸妈妈们经常会听到孩子说“妈妈（爸爸），作业本让我弄坏了，写不了作业了”，“妈妈（爸爸），今天小明在老师面前说我坏话了，我很不开心”，或者是“妈妈（爸爸），我的校服脏了，老师肯定会说我的”。这些事情或许在孩子的眼中都是值得关注的事情，孩子也会因为这些事情而消耗自己很大的精力，但是家长要懂得正确引导孩子，毕竟作业本坏了可以换一个新的，小明说儿子坏话老师也未必会相信，校服脏了也不会影响到学习。

孩子从小就应该知道什么事情是关键所在，这样在他长大之后，想要完成一件事情的时候，才会找准关键和最重要的点，不会避重就轻，更不会因为小事情而耽误了大目标。而爸爸妈妈在孩子面临一些小事情而纠结的时候。要帮孩子分解这些小纠结，然后告诉孩子什么事情才是值得去关注的，什么事情是值得去纠结的，从而让孩子能够把握住重点，不至于在以后遇到同样的小事情的时候不知所措。

五岁的贝贝总是不能自己做决定，比如去超市买玩具或者零食，同一款的玩具或食品，他总是选来选去，妈妈跟他说都是一样的，随便拿一个就好，但是他还是要选来选去，不能决定拿哪一个好，往往最后都是妈妈帮他选择的。

木木每次写作业都非常慢，总是把写得不太好的字描得特别重，最近两个月，开始出现说话重复，当他想把一件事说明白的时候，同样的一句话，常常重复四五遍，而且做事总是不放心，比如收拾书包，他会闭起眼睛想他已经收拾的过程，以确认是否没有什么遗漏，关门时，他会反复推门，看是否关上，总之做什么事都觉得不放心，需要反复验证。他下课后会看好几次课桌，总担心东西落在那里。去姑姑家，明明知道自己只带了个背包和一个钱包，会打电话反复多次地问妈妈是不是只带来这两个包。

小雪已经上高中了，她有一个习惯，就是经常要洗手，每次中午睡觉前总是要洗好几次手，似乎有洁癖，而且洗澡的时间更长，弄得寝室里的同学都对她有意见。做题时，对于一道刚做完的题，她总担心会算错，总要重复算好几遍。

孩子因为年龄小，有时候认识不到什么事情是小事情，什么事情是重要的事情，所以这个时候家长们就要做出正确的引导。当孩子在小事情上纠结的时候，应该转移孩子的注意力，让孩子意识到什么事情才是最重要的，久而久之，孩子才会分清事物发展的主次，不再在小事情上斤斤计较。

生活中，爸爸妈妈们要怎样帮助孩子摆脱小事的困扰，关注更为重要的事情呢?

(1) 认真地给孩子分析什么原因才是阻碍他实现目标的关键

有些家长可能在听到孩子抱怨的同时，会跟着孩子一起抱怨。注意，千万不要这么做。这个时候，家长应该分析事情的原因和结果，从而帮助孩子找到值得去关注的步骤，让孩子忽略在小事情上的纠结和不快。只有这样，孩子才会在以后遇到同样的事情时，学会自己去分析和克服。

(2) 意念训练

当孩子纠结于某些小事不罢休时，爸爸要帮助孩子用意念努力去对抗这种现象，使紧张恐惧的心情得以放松。并告诉孩子这种行为没有任何意义，以分散儿童的注意力。当然，要做到这点，是很不容易的，一定要有毅力。多数孩子经过反复训练以后，这种现象才会逐步消失。

(3) 行为疗法

对于单纯用意念不能对抗的现象，可以采用“行为对抗疗法”加以矫正。行为对抗疗法基本上是一种操作性条件反射过程，它把刺激与纠结行为反复多次结合，形成一种新的条件反射，使之与原来的行为相对抗，以消除原有的错误行为。家长们可以参照这个做法：在孩子右手腕上套三根橡皮圈，一旦婆婆妈妈反复纠结，如反复计数、反复检查等时，立即拉弹腕上的橡皮圈，强行提醒自己。

(4) 培养爱好

鼓励孩子多参加集体活动，多与外界接触，培养孩子多方面的兴趣爱好，如唱歌、跳舞、听音乐、打球、跑步等，以建立新的大脑兴奋灶，去抑制那些纠结行为的兴奋灶，转移注意力。

(5) 父母要纠正自身的不良性格

如果父母本身有性格偏异，如特别爱清洁、过分谨慎、过于刻板、

优柔寡断、迟疑不决等，孩子必然会受到影响，所以要改变孩子的习惯，父母首先要从自身做起，这一点甚为重要。

教性格散漫的孩子学会自我管理

张一洋的爸爸最近很是烦恼，因为他接到了儿子班主任的电话，班主任表达得比较委婉，但还是用了一个一洋爸爸认为挺严重的词："散漫"。据说张一洋上课时总是不太安静，跟旁边的同学说话，把凳子弄出声响，都是他曾经干过的。虽然对他的成绩爸爸还算满意，但是这种既影响自己又影响他人的坏习惯，一洋爸爸还是很不愿意在儿子身上看到的。但孩子天性如此，一洋爸爸不免感到有些无奈。

张一洋是个乐天派的男孩，他很有趣，也总能感受到他的开心和快乐。似乎没有什么事情能让他感到压力，而这也常常是让他的父母、老师感到懊恼的事情。对他来说，似乎没有什么事情是太重要或太严重的。对于各门功课、考试、测验和学校项目，他也很少会有紧迫感。他总是很悠闲，觉得生活中没有什么大不了的事情。他属于这种男孩：走出家门的时候没有很多的想法，回到家也是一副散漫的样子。几乎每天早晨，张一洋的母亲都会跟着他冲出房门，把午餐塞到他手中。

习惯这个东西会跟着人一辈子，一旦孩子的散漫无可收拾，今后

他无论做任何事，都会受到这个坏习惯的影响。家长应该教孩子认知现实生活中的真、善、美、恶、丑，然后，让他明白为什么要这样，明白了这些，他就会知道，散漫对于一个人的影响有多坏，而自我管理和坚强的意志对于一个人的发展帮助有多大。

孩子到了能够管理自己的年龄，家长就应该要他们学着自我约束，其实什么事情该干、什么事情不该干，孩子心里都是知道的，只是他们在自我管理这方面做得还不足。家长应该跟他们一起找到原因，并且帮助他们走出自我管理这一步，毕竟散漫给别人的印象是很不好的。如果任由孩子自己散漫下去，无疑会对他们性格的形成产生很大的影响，性格的形成是不可逆的，相信每一位家长都不希望孩子在这方面出现任何问题。

对于每一个人而言，从幼年到成年是一个漫长的过程。在这个过程中，如果一个孩子缺乏明辨是非的能力和道德观念，不对自己的言行进行适当的约束，任性放纵，想干什么就干什么，就会导致孩子人格的偏离，影响自身的健康成长，严重者会导致违法犯罪，造成对他人和社会的危害。这不是危言耸听，而是真实存在的问题。

那么，我们应该怎样对待孩子散漫这个问题呢?

有一位很特别的母亲，她训练孩子的意志和品质的方法是很值得借鉴的：

这位母亲每天接送孩子都要经过一条铺着黑色地板砖的小路，他的儿子很喜欢办班级板报，常常会剩下一些彩色粉笔，他喜欢拿着这些粉笔在他喜欢的地方练写粉笔字。每天放学经过这条铺着黑色地板砖的小路，他都想在地砖上写写字，可是这里是公共区域，不允许乱写乱画，这位母亲每次都会认真地教育他的儿子，晓之以理，告诉他

这里为什么不能乱写，让他约束好自己。有一天，这位母亲故意迟了一些来接儿子，她悄悄藏在小路旁边的一棵大树下，她想考验一下儿子一个人路过这里时的表现。结果呢，他的儿子经过此地时并没有在地砖上写字，于是她就对儿子进行了奖励。通过这种训练，孩子的意志品质和自控能力都有了明显的提高。

其实，在孩子们身上，散漫这种习惯并不少见，但它是可以通过训练去改变的。我们是孩子人生的第一任老师，我们的每一句话、每一个举动、每一个眼神，甚至看不见的精神世界，都会给孩子潜移默化的影响。在孩子面前，家长的表率力量不可忽视，如果我们想要孩子有控制自己的能力，就应该有良好的约束自己言行、情绪的能力。父母不能只看到孩子身上存在的问题，而应该主动改变自己的教育方法，以更多的好习惯影响自己的孩子。培养孩子的自我约束能力，且必须持之以恒，唯有经过日久天长的行为约束，方能使孩子在被动的受制约过程中逐渐养成主动的自我行为的约束。

当然也要注意教育的方法，很多家长热衷于传统的“你应该做什么，不该做什么；你这样做不对……”的教育方式，让许多孩子只懂得被动地接受管束，却缺乏自我约束的意识，一旦脱离了家长的管理，就会出现种种问题。随着孩子年龄的增长、能力的提高、活动范围的扩大，自我约束越来越重要。据介绍，自我约束包括情绪的自制力、计划的执行力和学习的控制力等。对于每一个孩子来说，养成自我约束的习惯都是至关重要的，比如孩子们在假期里拥有了很多无人监管的空余时间，如果没有一定的自我约束能力，很容易出现各种问题。这最考验孩子的自我约束能力。假期不仅是孩子放松的时候，更是让孩子学习自我约束的好时机。古人云“君子慎独”，自我约束对于成人尚且是个考验，对孩子来说就更不容易，不过一个人一旦学会了自我约束的方法，不管是对于学习还是未来的成长，都有非常大的帮助。

一般来说，家长在引导孩子培养自我约束能力时，可以从以下两个方面着手：

(1) 要从小灌输给孩子正确的价值观念

自我管理需要具备两个条件，价值观的建立和自制能力的建立。价值观就是一个人赞同和认可社会规范、道德准则所赞同的观念，并以此约束自己。自制能力则是有意识地多接触各种规则、游戏规则、交通规则等，从而让孩子明白该如何去约束自己的行为。

(2) 培养孩子的自我管理能力要从日常生活的小事情做起

父母教育孩子必须抓住每一个小环节，告诉孩子什么是对的、什么是错的。孩子的心灵是脆弱和敏感的，不要觉得他们是小孩，什么也不懂。日常生活中的每一个细节对孩子的成长来说，可能都是大事。从小事做起，长期坚持，从根本上触动孩子的思想，才能帮助他们形成正确的习惯。

训练计划性，让孩子做事有条理

亮亮是个活泼好动的小男孩，细心的妈妈却发现亮亮做事有点盲目。比如画画，亮亮总是拿起画笔，想都不想就左一个圈、右一个圆

的，问他画什么，亮亮总是摇摇头说：“哎呀，别问了，我也不知道画了什么！”

周末，邻居浩浩来家里玩，他们一起堆起了积木。不一会儿，浩浩就搭了一座漂亮的红顶屋。回头看看亮亮，只见亮亮煞有介事地拿着积木堆来堆去，可是一直摆到最后一块积木，也没看出亮亮搭的是什么。浩浩问：“亮亮，你这是什么呀！”“我也不知道搭了个什么。”看着浩浩搭的漂亮的小房子，亮亮心里又是佩服又是难过。

生活中，类似的场景想必爸爸妈妈们并不陌生，做事没计划的孩子总是会把自己的生活搞得一团糟，比如：

早晨一起床，孩子就把房间翻得一团糟，你问他在干什么，他很着急地告诉你：“我的袜子呢？妈妈，快帮我找找，马上要迟到了。”

还不到月末，孩子常常会低着头对你说：“妈妈，我的零花钱花光了。”你问他：“那么多钱，你是怎么花的？”孩子很委屈地告诉你：“我也不知道，花着花着钱就没了。”

每到考试临近的时候，孩子就会忙成一团，早晨起大早背书，晚上复习功课到深夜。你劝孩子要注意身体，他会委屈地告诉你：“我还没有复习完呢，我要是早点复习就好了。”

凡此种种，无不是令家长们头痛的问题。其实，要解决这些问题并不难，最好的办法就是教会孩子做事有计划性，即对自己要做的事情有具体的时间规定，有准备、有措施、有安排、有步骤。

壮壮因为学习成绩不好，常被同学们嘲笑，又因为壮壮很活泼好动，老师也对他感到头痛。每天在学校里，壮壮都有种度日如年的感觉，为了减轻自己的痛苦，他不愿意去上学。妈妈知道这种情况以后，帮他分析了当前的形势，帮他做了学习计划，并对他说：“爸爸妈妈

不要求你一开始就能拿第一名，按着学习计划做，每次进步一点点就可以。”

在妈妈和学习计划的引领下，壮壮渐渐地喜欢上了学习……

由壮壮的事情我们可以看出，对于孩子来说，做事有计划是非常重要的。

俗话说：“三岁看大，七岁看老。”幼儿期是各种行为习惯形成的关键时期，从小培养孩子做事有计划、有条理，对孩子终身的学习、工作、生活都是十分有益的。反之，如果忽视这方面的培养，则是为盲目、紊乱的不良行为开了绿灯，一旦形成习惯则很难纠正。

那么，爸爸妈妈们应该怎样培养孩子做事的计划性呢？

(1) 为孩子提供有计划有条理的环境与榜样

爸爸妈妈首先应做到做事有条理，让孩子耳濡目染，这种潜移默化的影响是培养孩子做事有计划性的前提。

(2) 有意识地让孩子参与讨论一些事情的计划安排

比如，周末的活动安排可以让孩子参与讨论：上午和爸爸妈妈一起做家务，下午去少年宫，然后去看爷爷奶奶……鼓励孩子发表自己的意见，如果孩子的意见合理，则予以肯定，如果孩子的意见不合适，则可帮他分析。如，孩子提议先看爷爷奶奶再去少年宫，则帮他分析，少年宫有一定的时间限制，晚了不能入场，所以还是先去少年宫再看爷爷奶奶。这样的讨论可以使孩子明白做事为什么要有计划，怎样做事才算有计划。

(3) 借助收拾物品训练孩子的条理性

爸爸妈妈做内务整理时，可以让孩子参与进来做小帮手，这是培养孩子劳动观念与技能的途径，也是一个让孩子亲眼观摩父母分类摆

放、物归原处、井井有条的好习惯的机会。在熟悉了大人衣物、用具、书籍等东西的整理方式后，父母可以给孩子买几个整理箱和一个抽屉式文件柜，让孩子尝试着整理自己的玩具、用品，学会做标记、贴标签、分类放、摆整齐，以后逐步拓展到自己收书包、摆书架、理衣柜，再到自己准备活动用品等。如果你能够持之以恒地影响与培育孩子，孩子就会从收放物品中体会到条理性的意义与技巧。

(4) 让孩子在活动体验中调整计划

孩子的生活经验较少，所做的计划未必合乎情理，爸爸妈妈不要急于求成。不妨让孩子在活动中体验，从结果的反馈中去调整计划。比如，一家人要去旅游，可以让孩子自己做决定带哪些东西，孩子的安排可能是正确的，也可能不周全，爸爸妈妈暂且不要代劳，让孩子在旅游时体验，孩子可能会感受到单肩包老是滑落不适合行走，吃的东西带得太多会很累赘，没带玩的东西很无聊，不带饮水实在渴得慌，等等。回来以后，与孩子交流这些体验，孩子一定能够从中受益，这些被整理的生活经验就可能被孩子用到下次旅游计划中，从而自然地对原有计划做出调整。

(5) 注意持之以恒

一个习惯的形成关键在持之以恒，因此应经常坚持对孩子计划性的要求，并强化这种要求。在孩子有计划地做事并完成的时候，应给予鼓励，并使孩子意识到计划与效果密切相关，久而久之，孩子就会习惯于做事有计划有条理了。

辑九
把孩子放养出去，从小栽培孩子的社交力

交往是人的需要，也是人生存的必要。在当前独生子女居多、孩子被过度保护的情况下，孩子社交力的培养更显得尤为重要。亲子教育的三大目的之一，就是帮他增进友情。

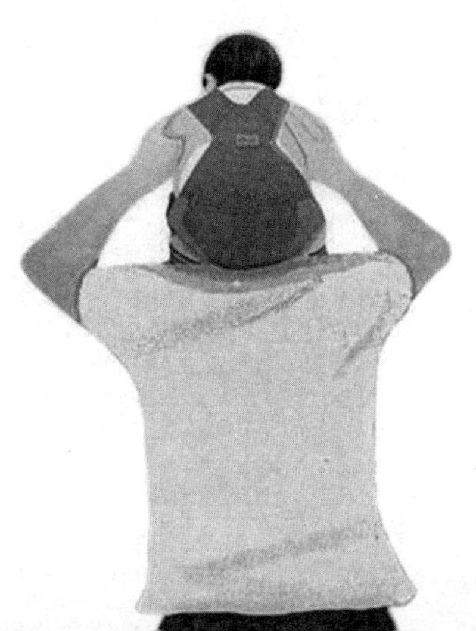

指导孩子社交，而不是限制社交

父母们都盼望孩子健康成长，但是，什么样的孩子能成长得好呢？留心一下，我们会发现一个规律：孩子与同伴和谐相处，就平安健康，孩子没有朋友则容易发生问题。

小慈在日记上写道：

今天，妈妈参加了我们班的家长会。

刚回到家，她便递给了我一个小本子，那上面记着我这次考试的成绩和名次，还记下了班里前十名的名单及成绩。忽然，我看到了我的铁杆姐妹玲玲的名字，写在小本子显眼的地方，倒数第一，283分。妈妈为什么要记这个？我正疑惑着，妈妈开口了："仔细看看你那个什么最铁姐妹的分数，成绩那么差，你还整天和这种人在一起？"原来这就是妈妈记我好朋友的成绩的原因。我有一种极不舒服的感觉。"她的成绩差，并不代表她人不好，这跟与她做不做朋友没有什么关系。"可妈妈却不这样认为，她依旧坚持，"关系大了，不准和这种差生在一起！无论如何，你不能和她来往了！你看看她那个分数，你以后会被她影响的！"妈妈张大嘴巴嚷着。"我不会的，不会受她的影响的！"我为我好友抱不平，"她不是坏孩子，她虽然学习不好，可她人不坏，她很善良，待人友好，她是我的好朋友。"我继续和妈妈争辩。就这样，我们争得面红耳赤，我仍坚持着自己的立场，妈妈也一直坚持不

许我们来往。我觉得很委屈，我的朋友更委屈。我看和妈妈无法沟通，便不再理她，径直走进自己的小屋，把门反锁起来。

我躺在床上，看着我与好朋友玲玲的照片，两个姐妹般亲密无间的女孩搂在一起开心地笑着。我却无法想象妈妈对我们的不理解。也许，在她眼中只有学习好的才是好学生，而且和学习不好的同学在一起就一定会变差。可能，这就是妈妈所说的什么“近朱者赤，近墨者黑”的道理吧。可是，我与玲玲要好都两年了，我的学习成绩也并没有变坏啊。就算妈妈说得对，但没有玲玲，我怎么会学到那么多待人接物的道理呢？我不知是谁对谁错，我还是要按自己的想法去做，我认为这样没什么不好，反而能使我从别人身上学到了不少东西。学习成绩并不能代表一个人的好与坏。

上面这个例子，相信许多家庭都有过类似的情况。做父母的都希望自己的孩子与优秀的同学交朋友，向成绩好的同学学习，可一旦发现自己的孩子与成绩差的同学交朋友，便会感到惊恐万分，就像孩子已经变坏了似的。

中国青少年研究中心曾做了一份调查，发现有72.6%的父母表示：“我希望孩子和他喜欢的人交朋友。”甚至79.8%的父母表示：“我愿意孩子邀请他的朋友们到家里来。”但是，75.8%的父母表示：“我对孩子选择朋友有严格要求。”81.6%的父母表示：“我要求孩子选择学习好的同学做朋友。”64.9%的父母表示：“我不愿意孩子有较亲密的异性朋友。”45.3%的父母表示：“为了学习，我要求孩子减少与朋友的交往。”49.3%的父母表示：“怕孩子学坏，所以我严格限制孩子交朋友。”

可见，父母对于孩子的朋友标准是以学习为主要参照，这就对孩子的交友有了一定的限制，为此孩子们有一肚子的苦水。

一位女孩抱怨道：

真不知道父母怎么想的，他们对我的朋友总是会特别敏感。假如我想和女同学交朋友，得需要经过他们的“资格审查”。太注重打扮的不能交，学习差的不能交，眼神太灵活的不能交。假如我想和男生交朋友，那想都别想，干脆免谈。在这种“高压政策”下，我能交到朋友吗？谁还愿意和我交朋友啊？

有次，在回家的路上，我和班上的一位男生同路，被妈妈发现了，便又开始“例行审查”：“刚刚和你在一起那个男生是谁？他是你们班的学生吗？”我真受不了妈妈这种询问的态度，但我没有别的办法，因为在他们眼里，我已经是个心里有秘密的半大不小的人了。

还有一次，在放学回家的路上，碰见两个男同学，平常大家都挺熟的，学习上经常相互帮助。他们说想到我家去聊聊，顺便熟悉一下。我爽快地答应了。虽然我知道父母将会怎样为难我。但我找了个理由，要他们对我父母说是我的同学，是来找我交流学习经验的。我之所以这样做，是担心父母不知道又要给我出什么样的难题。

总算有惊无险，父母还算给我面子，没有让我难堪，当时也没有把他们赶走。但是，爸爸还是不时地到我的房间来看看，我知道他是来监视我们的。那两个男同学也觉得很别扭，聊了一会儿便走了。

那天晚上，我都不知道自己是怎么上床睡觉的。

交朋友是再正常不过的事情，任何人都需要朋友。有一句名言：人的实质是社会关系的总和。我们的孩子应该在朋友圈中长大成人，这对于今天的独生子女来说，尤为重要。了解孩子交友的情况，并不是对他们满怀疑虑地搞什么“监督”，况且这种对孩子“不信任”的做法会让他们很反感，甚至会使父母失去了解真实情况的机会。父母可以与孩子谈谈朋友之间的交往，了解孩子对朋友的看法，作为“过来

人”的父母与孩子推心置腹地谈心。孩子的朋友来“串门”了，大人正好从旁观察，得到直接的印象，并且还要很客气地对待孩子的朋友，以免伤了孩子的面子。

为什么你家的孩子不太受欢迎？

生活中，很多家长都有这样的苦恼：自己的孩子不受同学和老师的欢迎，自己三天两头被老师约谈。每个父母都希望自己的孩子人见人爱，可现实往往不尽如人意，很多孩子不但没有成为“万人迷”，反而成了“万人嫌”。

小朋友们正在认真地听老师讲故事，突然传来一声尖叫，而后又发出一声尖叫，老师很生气，质问是哪个小朋友在尖叫，几个小朋友指着张东奎说：“是他。”

老师非常恼火，这个孩子几次三番惹事。老师看着张东奎，问道：“是你在叫吗？”张东奎点了点头。老师继续问道：“为什么要发出这样的怪声？”张东奎东瞧瞧，西看看，故意不理会老师。

午休时，小朋友们都在看书，张东奎也非常喜欢看书，他拿起书翻了几下，“咔嚓”一声，书就被撕坏了，老师过去问张东奎怎么回事，张东奎摇了摇头，周围的小朋友都说书是被张东奎撕坏的，而张东奎却一脸无辜地说：“我没有，我只是翻翻它，它自己撕的。”

每天，张东奎都会闯出这样或那样的祸来，老师为此感到苦恼，

周围的小朋友也都离他远远的。

从案例中我们不难看出，张东奎这个孩子成了“万人嫌”，可这真的只是孩子的原因吗？张东奎的老师曾到他家中做过调查，调查发现，张东奎的父母对他的管束非常严厉，尤其是他的妈妈，总是对他要求这，要求那的，稍微不满意，就会对其进行批评，甚至打骂，他的内心之中满是紧张、压抑，这些情绪都在幼儿园中发泄出来。那家长应该怎么做才能让孩子招人喜欢呢？家长不妨告诉孩子，如果想要和其他人成为好朋友，被周围的长辈和同学喜欢，不妨问问他们不喜欢自己的原因，再从自身改善。当然了，如果你的孩子具备以下品质，那么他一定是个人见人爱的小可爱。

1. 自信

自信是人际交往过程中的重要品质，只有自信的人才可以将自己成功推销给别人认识，更容易受他人的欢迎。自信的人不卑不亢、落落大方，和他人交谈的过程中显得更加从容。而那些一味地逃避群众，喜欢独处，认识不到自己不足之处的人很容易被大众疏离。

2. 真诚

这个世界上没有人是傻子，甘心被人欺骗或算计。想要交到知心朋友，真诚是必不可少的品质。真诚可以让交往的人友谊长存。

3. 信任

在人际交往的过程中，我们应当从积极的角度去理解他人的动机与言行，而不是一味地胡乱猜疑。信任是相互的，你在自己的心里设防护墙，那么别人同样会防着你。只有你信任别人，别人才会重视你。

4. 自制

与人相处难免有摩擦，面对摩擦，一定要学会克制自己的情绪，这样才可以避免不必要的争论，遇事应懂得克制自己，凡事以大局为

重。但是克制并不意味着一味地妥协、退让、忍气吞声，在遇到不公平待遇的时候，还是要据理力争的。

5. 热情

在人际交往的过程中，热情的人总能围拢一群人，他们的热情似乎有着某种吸引力，可以促进人与人之间的相互理解，融化冷漠的心灵，所以，待人热情是沟通情感、促进人际交往的重要品质。

孩子胆小，有社交退缩症怎么办？

兰兰生活在一个经济条件优裕的家庭里，父母和爷爷奶奶都很宠爱她，对她照顾得非常周到，生怕她受一丁点儿委屈和伤害，从不肯让她单独出门，他们告诉她外面有坏人，像大灰狼一样狡猾而凶恶，什么坏事都干得出来。于是，兰兰养成了胆小退缩的性格，不敢自己上街，6 岁了还不敢与其他大人孩子交往，连去动物园都不敢，怕大灰狼从笼子里跑出来伤害她，凡事总依赖父母和爷爷奶奶。

像兰兰这种情况，心理学专家叫作“儿童社交退缩症”。有这种心理障碍的孩子通常孤独、退缩、胆小、害怕，不愿到陌生的环境中去，甚至连逛公园、去动物园、看电影、随父母到亲友家做客都不愿意；也从不主动与其他孩子交往，常常很少交朋友、沉默寡言。

社交退缩症给孩子的成长带来的负面影响是多方面的：难于结交新朋友，无法与人共享亲密与关怀；难与人进行有效的沟通，因而妨

碍自己意见的表达与自身权益的维护；容易引起他人的误会，妨碍他人对自己的正确评估，因为这种人总是给人一个不友善、不信任、不坦诚、缺少热情的印象，使得他人很难了解他的真实能力。

事实上，当社交焦虑或者社交退缩导致同伴关系变糟糕的时候，通常还会涉及其他的问题。比如，有的孩子可能有强烈的攻击性、易冲动或者极度活跃。也有的孩子缺少社交能力和技巧，或者经常哭泣。最终，这些孩子会变成社交弱势。这也就是说，他们可能会被忽视、不被接纳，甚至更糟糕的是，同龄人完全排斥他们。帮孩子纠正社交退缩，这是家长们的当务之急。

对孩子社交退缩症的治疗，主要是家长对孩子进行心理治疗，其要点包括：

1. 寻找孩子社交退缩症形成的原因，对症治疗。如果是父母教养不当，则应从改变教养方法入手：如果是孩子经受某种重大刺激，则应加以慰藉和开导，力求家庭环境和父母态度有利于孩子身心的发展。

2. 鼓励孩子参加集体活动。与小朋友们一起玩耍，有助于孩子克服孤独感，较快地适应外界环境，建立融洽的人际关系。

3. 加强体育锻炼。健身的同时锻炼意志，培养孩子的乐观性格。

4. 对社交退缩顽固的孩子，建议家长在医生的指导下，适当使用抗忧郁药物。父母过分的疼爱和关照会造成孩子的畸形成长，唯一矫正的方法就是让孩子融入集体，增加与他人的交往。

爸妈怎么做，不合群的孩子才合群？

孩子是否善于同别人打交道，在人群中人缘如何，对他以后的学习和人生的发展有着很大的影响。

有研究分析表明，从小善于与人交往的孩子，不仅容易与人相处得比较融洽，而且可以从其他人那里学到一些更广阔的知识。如果孩子过于封闭自己、不爱与人交往、在同学中的人缘不好，都会影响孩子的交往能力，使孩子无法适应复杂多变的社会，更有甚者，会让孩子形成孤僻、抑郁、偏执等心理障碍。

徐涛是个安静的男孩子，每天上学放学都按时回家，学习也从来不用父母操心。上初中以后，徐涛基本上还算比较懂事听话。但徐涛妈妈却发现孩子整天待在家里，周末也基本上待在家里，从来都不出去玩，也没见他带同学回家。有一次，妈妈在下班的路上碰到了徐涛的老师，老师对徐涛妈妈说，徐涛在学校里不太喜欢与同学交往，在同学中人缘也不好，同学也不太愿意与他一起玩。妈妈才明白徐涛整天都待在家里的原因。

人是具有社会性的，人们生活的方方面面都离不开与他人的联系，心理的健康发展同样离不开群体的影响。特别是孩子，他们只有在群体中才能感受到快乐。因为当孩子融入群体之中的时候，他不但能得到心理上的满足和平衡，他的困惑和痛苦通过与人交流也会得到化解。

因此说，孩子只有融入群体，他才能自觉地调整自己的行为去适应社会的需要，才有更多的机会去学会生活，享受快乐……可是，不幸的是，许多孩子由于生活的限制和学习的压力，失去了与同龄人交往的机会，合群的需要无法得到满足，久而久之造成心理上的孤独与寂寞，产生许多心理问题。

不合群的孩子往往性格内向、孤僻、多疑、冷漠，在人格的发展上存在着一定的障碍，对心理健康的影响很大。

因为缺乏与同龄人的交流和沟通，不合群的孩子常常有着更多的困惑和迷茫，容易形成对社会和自己的不合理看法，产生自负或自卑心理，或者患得患失，情绪的波动比较大，心理承受力差，甚至容易走向极端。

曾有一个读初中的孩子，从小母亲备加呵护：一个人出门怕出事，跟别的孩子玩耍怕被欺负，班级活动怕影响学习。在母亲的精心安排下，他犹如生活在“一尘不染”的真空里。可是，进入青春期以后，他的苦恼逐渐增多，学习渐感吃力，又总是形只影单，心灵的孤独使他常常自卑自叹。一次，因为考试不理想他被母亲说了句“你越来越没用了”，于是他觉得自己“活着没什么意思”“是个多余的人”，结果吞下大半瓶安眠药自杀，幸亏发现得及时，才保住他的生命。

不合群的孩子在人际关系上也会出现明显的障碍。由于缺乏正常的人际交往，他们往往不懂得理解和尊重别人，不知道宽容和谦让，有的甚至不会应酬平常的人际往来，不仅给自己带来许多麻烦，还会造成适应社会的困难。

因此，父母一定要注意培养孩子的合群意识。所谓合群，不仅仅是指和众多的人在一起，更重要的是能适应群体，把自己有机地和群体结合起来，被群体中的人认可和欢迎，在群体中得到快乐。合群更

多地表现为孩子的一种主动性的行为。当孩子融入群体之中的时候，他才会有集体荣誉感，才知道什么是团结协作，才真正明白竞争的意义，才更懂得生命的价值。

培养孩子的交际能力，父母要经常与孩子为伴，不仅扩大了孩子的社交活动范围和交际内容，影响孩子的社交兴趣和需要，还有助于孩子积累社交经验和社交技能。要培养孩子合群，父母首先要以身作则，为孩子创造一个良好的家庭环境。比如，全家人的和睦相处，不以孩子为中心，不事事从孩子的角度出发，不让孩子凌驾于父母长辈之上。同时，父母也要尊重孩子，切忌随意打骂、训斥，要让孩子在平等和睦的家庭气氛中形成合群的性格。

别放过孩子的“人际关系敏感期”

每个人都需要朋友，孩子也不例外。等到孩子到了人际关系敏感期，你就会发现他每天都期待和小伙伴在一起，甚至到了吃饭的时间，有很多好吃的诱惑他，他也还是不愿意回家，想要留下来和小伙伴一起玩。

李安琪今年四岁半了，每次去学校时都会从家里面带一些零食和玩具，到了学校之后看到其他小朋友，就会大方地将自己的零食和玩具分给他们，但前提是对方要和自己玩。当其他小朋友因为零食和玩具答应和李安琪一起玩的时候，她就会开心地说：“随便拿吧！”一会

儿工夫，所有的零食都被“瓜分”完毕。她便愉快而满足地和小朋友嬉戏追逐。但是李安琪也会苦恼地回到家中，对妈妈说：“没有人和我玩！”李安琪会表现出自己对交往的看法：“妈妈，为什么小朋友们有时候和我玩，有时候不和我玩，零食都不能让他们和我玩。”李安琪的妈妈不知道该如何安慰孩子，只是紧紧地搂着她，让她感受到妈妈给予她的支持。

有研究表明，儿童人际交往的敏感期首先通过食物产生连接，就是“谁和我分享零食，谁就是我的好朋友”。但是，两三个月后，儿童就会发现一个秘密，在我没有好吃的东西的时候或者他们把自己的好东西吃完后，关系很快就会结束。儿童发现这个秘密之后就会找一个不会消失的东西和周围小朋友建立关系，即玩具。儿童于最初通过分享玩具给对方玩，或和对方交换玩具，或把玩具赠送给对方的方式建立联系。几个月后，很多孩子会发现，把自己的玩具给对方后，对方得到这个玩具后就可能结束玩伴关系。此时儿童再次发现，通过玩具也无法维持一个正常的交往关系。因此，经过几个月的时间后，儿童会再次放弃这样的关系。最终儿童会发现，交朋友必须要和对方有相同爱好和兴趣，或者我喜欢他，或者他喜欢我，或者双方都可以相互理解。志趣相投的更容易交朋友，和这样的伙伴一起玩才能达到真正的和谐。那么家长该如何引导处在人际交往敏感期的孩子交到好朋友呢?

1. 鼓励孩子平等交友

孩子交友的过程中，家长应该教育孩子信赖朋友、珍惜友谊，避免怨恨、怀疑、敌视他人，也不能无故欺负比自己弱小的孩子。

2. 给孩子处理问题的空间

想让孩子在人际关系的敏感期发展好，就要让他自己完成这样一个周期，在这个过程中，家长应当给孩子空间，让孩子独自处理问题，

直到孩子需要成人介入的时候再辅助孩子解决问题。介入时不是告诉孩子该怎么做，而是要倾听孩子说出他们之间的纠纷，让孩子自己找出关系中存在的问题。也就是说，这个阶段的儿童拥有发现、分析和解决问题的权利，同时拥有设计出解决问题的计策与方案的自由。家长千万不要剥夺孩子这样的自由。这样才能让孩子顺利渡过人际关系的敏感期，顺利进入到下一个周期。

3. 父母要肯定孩子交朋友的行为

如果孩子交到了朋友，家长应该由衷地替孩子开心，并对孩子说："很高兴你交到了自己的朋友，以后要和好朋友分享自己的零食和玩具哦。"或者说："妈妈也想见见你的好朋友，下次妈妈再去学校接你的时候你要把他介绍给妈妈认识哦。"

4. 如果孩子没有朋友，妈妈要积极帮孩子找朋友

如果孩子还没有找到朋友，妈妈应该鼓励孩子和附近的小朋友一起玩，或者和亲戚、朋友家的孩子一起玩，同时适时和孩子讨论他们交往的情况，并帮孩子分析、做出选择。

5. 欢迎孩子的朋友来家里做客

父母应该热情地欢迎孩子的朋友来家里做客，孩子的朋友进门之后，父母应该说"欢迎你"或者"很高兴你来家里玩"，而且要要求孩子认真接待自己的朋友，让孩子的朋友可以感觉到你的支持和赏识。

6. 引导孩子交正确的朋友

如果孩子陷入到了不当的交际圈中，父母也不能听之任之，而是要充分利用孩子喜欢交往的心理，正确引导和帮助孩子建立起纯真的友谊。父母应该鼓励孩子积极参加各项有益的活动，但是必须让孩子明白哪些朋友不能交，如果你对孩子的朋友某个方面不满意，要当着孩子的面严肃地说出来。

言传身教，给孩子融入集体的能力

成功人士善于合作，善于融入集体，因为谁都不可能是一座孤岛，一个人要取得成功，必须学会与别人一道工作，并能够与别人合作。未来的时代是一个注重集体主义，需要团队精神的时代。

可现在的孩子大多缺乏集体意识和团队合作精神。这样下去的话，孩子将来可能很难立足于这个社会。

彼得大帝小时候十分喜欢玩游戏，尤其是玩军事游戏。可是，他是个皇帝，这就使得他有一种与生俱来的优越感。因此，在游戏中他总是做首领，总是无礼地指挥小伙伴们干这干那，有时还会随意打骂他们，致使小伙伴们总是躲着他。小彼得也感觉到了小伙伴们对他的疏远，但他搞不明白为什么，就去向他的爸爸请教。

爸爸听他说了自己的困惑，哈哈一笑，引导他说：“你是不是希望他们可以和你亲密无间啊？”

“是呀。”小彼得一听爸爸一语中的，高兴地回答。“那你知道问题出在哪里吗？”爸爸进一步问。

“我就是因为不知道才来问您的。”彼得不高兴地回答。

爸爸说：“虽然你是皇帝，但他们还是很愿意和你一起玩，只是你总是以皇帝自居，在游戏中没有礼貌地叫他们干这干那。你喜欢争强好胜是对的，但你总是利用你的地位来达到这一切就不好了。”

“他们原来是因为这个啊。”听了爸爸的分析，彼得高兴得一蹦三

尺高。随后，他又为难地问爸爸："那我以后应该怎么做呢？"

爸爸看到小彼得诚心改过，也希望小彼得成为一位人人尊敬的好皇帝，就进一步引导他说："首先，在游戏中你应当把自己当成他们中普通的一员，而不是什么皇帝，要平等地对待小伙伴们。你要学会融入集体中去。然后，在行动上对你的伙伴要讲理，有时也应听听他们的想法，不可无理取闹。总之，你要融入他们当中去，去体会和了解他们的感受和想法，去和他们合作，共同完成游戏，这样你就会从中学到很多东西。"小彼得点了点头。

就这样，小彼得明白了一个人只有融入集体中，才能得到充分的锻炼和发展。这也为他以后成功的人生打下了最坚实的基础。

那么父母将如何培养孩子的集体观念，让他尽快地融入集体中去呢?

首先，要让孩子学会严于律己，与朋友建立友好、平等的关系。

在人格上，人与人永远是平等的。遇事要无私，要言而有信。只有这样，人与人之间才能互相信赖、和睦相处。要严于律己，宽厚待人，尊重他人，不轻易地怀疑、怨恨、敌视他人。

其次，让孩子在集体中成长。

鼓励孩子多参加一些集体的活动，只有在集体中才能真正切身体会到与人和睦相处，共同合作的好处。这可以让他意识到他人的存在，学习到与他人相处的经验，与此同时也培养了她的合作意识。要引导孩子体会到，自己只是家庭中、集体中的一员，更多地应该想到整个家庭、整个集体的需要。

此外，要在生活中，尽量给孩子创造多一些锻炼的机会。孩子在生活中学到的知识、培养的精神，都会渗透到他的性格中去，长大后会带入社会。一个懂得合作精神的人会很快适应工作岗位的集体操作，并发挥积极作用；而不懂合作的人在生活中会遇到许多麻烦，遇到更

多的困难，且无所适从。

例如，在家里要让孩子做些力所能及的事情，例如：自己洗衣服，帮助父母干家务等。

为了让孩子尽快融入集体中去，父母要努力培养孩子谦让、忍耐的精神。让他知道，在集体中个人只是一个微小的元素，在从事一些活动时要互助与谦让。

帮助孩子养成良好的沟通习惯，这有利于孩子增进同学之间的友谊；发扬团结互助精神，相互关爱，加强集体凝聚力。

教会合作力，别让孩子做“独行侠”

很多独生子女家庭中，孩子习惯于依赖爸爸妈妈，却不习惯与人合作。但是，人不可能总是孤独地生活，需要与人合作。所以，孩子不但要懂得与父母合作，还要懂得与其他孩子合作，这对于他今后步入社会来说至关重要。

一次课外活动，四个小朋友李琪、陈浩、刘月、涂磊开始玩《蜘蛛爬》的游戏，这个游戏必须要四人分工合作才可以完成，期间他们可以更换分工，比哪一次的行进速度快。游戏的过程中，四个人要移动轮胎，其中一个人负责在前面拉，中间站一人向前移动，后面的两个负责推。

游戏开始了，四个小伙伴商量着谁在中间，谁在前面，谁在后面。最开始是刘月在中间，陈浩在前面，李琪和涂磊在后面，由于陈浩的力气比较大，所以轮胎没推多远就倒下来了。之后四个小伙伴开始商量着换位置，这次是李琪在最前面，涂磊在中间，陈浩和刘月在后面，可还是由于陈浩的力气大，用力不当，轮胎没推多远又倒了下来。最后经过商量决定陈浩在中间，涂磊在前面，李琪和刘月在后面，这一次的换位很成功，几个人很快就将轮胎推到了终点，他们非常开心。

在游戏的过程中，孩子们通过轮流的角色体验、经验分享，最终找准了让轮胎快速前进的最佳位置。

有句歌词叫“一根筷子轻轻被折断，十根筷子牢牢抱成团”，一个人的力量终究是有限的。在当今社会，分工越来越细，任何人都不可能凭借单打独斗取得胜利。哪怕是在工作，也是分为各个部门，大家团结协作，各自做好自己的本职工作才能最终获得圆满的结果。一个人再聪明也只有一颗脑袋，一个人再能干也只有一双手，只有学会和他人团结协作，才能有更大的成就。父母一定要让孩子认识到合作的重要性，这样才有助于孩子在未来的道路上取得更辉煌的成就。

1. 为孩子树立良好的榜样

孩子年幼的时候尚未定性，善于模仿和学习。爸爸妈妈要以身作则，给孩子树立良好的榜样。生活中，爸爸妈妈要相互关心、体谅，处理事情的过程中多合作，这样孩子就会在耳濡目染中逐渐体会并模仿。相反，如果孩子生活在一个不善于合作的家庭里，那么他与别人合作的机会就会减少，合作能力也会变差。

2. 提供机会让孩子和父母合作

爸爸妈妈要给孩子提供尽可能多的合作机会，让孩子能获得比较丰富的合作经验，在合作的过程中，要让孩子充分体验到合作带来的喜悦与成就感，让孩子产生愿意合作的积极情感体验。比如，妈妈可

以和孩子一起玩皮球，具体做法：妈妈和孩子之间保持一定的距离，妈妈将皮球滚到孩子那边，孩子将皮球滚到妈妈这边。在类似的亲子合作游戏可以让孩子体会到在独自游戏中体验不到的快乐和愉悦。妈妈也可以通过日常生活中的小事培养孩子的合作意识与合作能力。比如，带孩子到户外散步时，看到蚂蚁运粮食，妈妈可以引导孩子思考："为什么会有这么多的小蚂蚁来搬一粒粮食呢？""因为一只蚂蚁搬不动？"让孩子明白合作可以产生的力量是非常大的。

3. 鼓励孩子多参加集体活动

平时应鼓励孩子多参加学校组织的竞技比赛、游戏等，有助于培养孩子的团结合作精神。而且在活动的过程中和同伴交流，能学习到克服困难、解决问题的方法。孩子在课余时间参加一些有意义的活动，家长不仅不能反对，反而应该鼓励他。

4. 让孩子分享合作成功的喜悦

家长应该告诉孩子，不管你在集体活动中担任什么角色，都应该努力做好自己担当的角色，这样团队的力量就会更强大。集体活动成功后，孩子应该分享成功带来的喜悦。

5. 让孩子学会与人商量

如果孩子平时不怎么讨人喜欢，说话有些刻薄。那么家长不妨教育孩子把嘴巴变"甜"。不管是做什么事都让孩子用商量的语气与人交谈，征得对方同意之后再下决定。比如，想和其他小朋友玩同一个玩具，不能说"给我玩"！而是要说"我们可以一起玩吗"或者"可以借给我玩一会儿吗"。

6. 教孩子和其他成员加强沟通

当孩子和别人的沟通不成问题，创造出和谐的合作环境，成员之间彼此乐于帮助，团结而忠诚，那么就可以有效解决成员之间的内部冲突。

辑十
自然学习法，给孩子的未来脑计划

兴趣是求知的内在动力。自然学习法就是要激发孩子的学习兴趣，孩子就会主动积极，学得轻松而有成效。最终达到学有所成的目的。

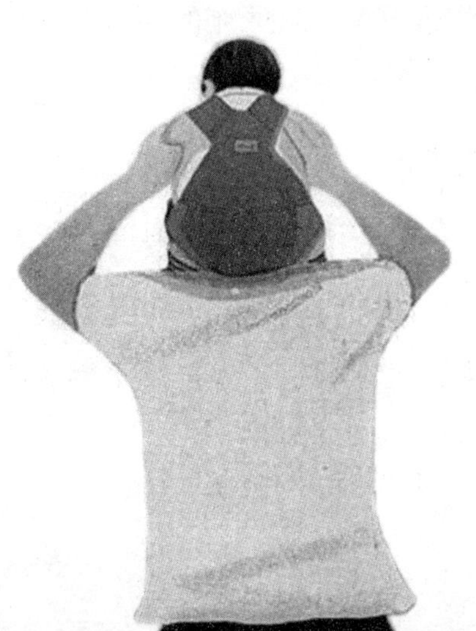

厌学，是不是都是孩子的问题？

很多家长都遇到过这样的情况，孩子不知道什么原因突然就不想上学了，不管你怎么苦口婆心地劝说他都不愿意再拿起纸笔、书本，甚至无视老师每天布置的学习任务。每天回家不是看电视就是打游戏。家长们可以说为了孩子的学习操碎了心。

林琳今年 17 岁了，读高中二年级。最近却不愿意去学校，整天窝在家里看肥皂剧，将自己关在房间里，也不和父母沟通。父母看到林琳的状态，既心疼又着急，不知道该怎么办。有时候还能听到卧室里传出来的低声呜咽。

林琳的妈妈打电话给老师，老师也说林琳最近上课不认真听讲，常常走神、发呆，习题错误率很高。老师告诉林琳的妈妈，青春期的女孩很容易产生问题，比如早恋、接触社会上的不良少年、任性等。而且高中的学习压力比较大，孩子容易在紧张的环境下产生厌学情绪。

其实现实生活中，像林琳这种现象并不少见，但是随着社会竞争的日趋激烈，每个孩子都要掌握知识，也正是如此，很多孩子从天真无邪的童年进入到背负压力的学生期，时间久了，他们不会觉得学习是为了充实自己的知识面，而是觉得自己是在为父母学。在残酷的学习竞争中，在一场场选拔考试中，他们被压得透不过气来，最终产生

了厌学情绪。实际上，缓解孩子的学习压力是社会性问题，需要整个社会共同努力才能做到，家长背负的是最直接的责任，可以从以下几方面着手：

1. 多和孩子沟通，大致了解孩子厌学心理原因

师生关系恶劣、学习跟不上、与同学关系不好、自身心理素质弱等均会导致孩子厌学。当孩子出现厌学行为时，家长要放下紧张和担心，用平常心和孩子沟通，了解孩子出现厌学的心理是什么原因导致的，之后进一步采取措施，协助孩子成长。

2. 积极和学校老师联系，了解孩子近况

每位老师都会同时教几十名甚至上百名学生，所以不可能照顾好每位学生。师生关系中情感依恋的缺失，导致相当一部分学生由于学业上的不适应而产生一系列负面情绪，由此形成消极自卑的心理，进一步影响、限制学生的发展。良好的师生关系，与学生保持亲密接触，积极沟通，让学生信赖老师，愿意将自己的真实感受与想法告知老师。所以从老师这边了解孩子的近况也是一个途径。

3. 积极鼓励，找回学习乐趣

不管孩子是自我封闭还是自我放纵，都可能是因为他在学业上感到了绝望、自卑和不自信。可以通过积极的交流，帮助他们对学习和生活形成正确的认识，不要自卑，对自己来说关键是重视高中三年的学习过程，让自己无怨无悔。在平时的教育生活中多对他们进行鼓励，哪怕是小小的进步，也要让他们在学业上找到成功的愉悦，找回学习的乐趣和自信心。据统计，很大一部分孩子厌学并非是真的对学校、学习厌倦，而是家庭出现了一些问题，而自己做了努力又没有改善，所以就想通过厌学的方式来告诉父母，家里出现了问题，需要解决。

一般家里角色混乱，父母忙于工作，无暇顾及孩子，父母争吵离婚等都会导致孩子出现厌学行为。这种情况下，父母可以寻求专业心理辅导机构的帮助，同时辅导解决孩子和父母的问题。

为啥孩子会偏科，孩子偏科怎么办

很多家长疑惑，自己的孩子明明很乖巧、很努力，其他科目都能学得好，为什么只有一科的成绩很差？要知道，一科拉分，总体成绩下滑，很可能会影响到孩子以后的升学。

姚笛是个非常乖巧听话的孩子，可虽然如此，爸爸妈妈仍然十分苦恼，这是怎么回事呢？原来，姚笛虽然懂事、不惹事，学习成绩也不错，但是数学一直是她的软肋，甚至考试屡次及格。虽然她很努力学习，父母和老师都看到了她的踏实和勤奋，可数学成绩一直没什么起色。妈妈给她报了补习班，一个暑假过去后，姚笛在数学方面的成绩却仍然不理想。

后来爸爸妈妈主动到学校找到姚笛的数学老师，老师告诉她的爸爸妈妈，姚笛似乎对自己有偏见，经常在自己的课堂上看其他科目的书籍，提醒过好几次她才有所收敛。后来妈妈回家问姚笛在数学课上看其他科目书籍的原因，姚笛说："我不喜欢数学老师，她曾经当着全班同学的面训斥我！"找到了"症结"，爸爸妈妈便找机会将那位数学

老师请到家里来做客，老师语重心长地对姚笛说："老师不是针对你，只是想让你更好地投入到数学课的学习当中，希望你的数学成绩和其他科目一样优异，只是老师用错了方法，你能原谅我将精力投入到学习当中吗？"姚笛不好意思地低下了头，从那以后，她再也不在数学课上搞小动作了，数学成绩也提升了一大截儿。

其实，案例中的姚笛的学习短板就是"数学"。所谓短板，就是指一个用木板拼接而成的水桶，一旦其中一块木板短于其他木板，那么水桶的容量就会受这块最短的木板决定，其他木板再长也不能弥补。这是个最简单的自然现象，却蕴含着更深的道理，运用在孩子的学习上同样可行。如果孩子偏科，那么整体成绩就上不去，所以攻克偏科才能从根本上提升孩子的成绩。

1. 帮助孩子认清偏科的原因

观察孩子哪科成绩好，哪科成绩不好，帮助孩子认清自己在不同科目上的优势和劣势。需要注意的是，这里并不是指让孩子根据自己的考试成绩进行简单的排序，而是要进行客观的分析，进而做出有可行性的指导分析。比如，孩子的英语基础还不错，但是考试的时候由于时间紧迫没能完成高分的题目或者没有理解语法等原因导致分数不理想，应当认真考虑学习方法是否适合本阶段的学习，同时及时进行改进。有的孩子偏科是由于不理解开设各种课程的目的、意义，家长要给孩子讲明道理，让孩子懂得学好这些课程的意义，鼓励他们树立信心，端正学习态度。

2. 帮助孩子解决学习中的困难

孩子在学习的过程中遇到困难，家长应给予帮助，还可和任课教师及时沟通，和学校密切配合，想法给孩子补习功课。千万不要无视

孩子偏科的现象。家长在支持、鼓励孩子的特殊爱好和特长的同时，还要鼓励孩子学好所有课程，不仅是为了掌握多学科的知识，更是为了培养孩子的综合应用能力，开发其智力，可以促进孩子从多角度考虑问题，对未来的发展大有益处。

3. 帮助孩子整理薄弱的知识

要让孩子养成考试后及时分析试卷的习惯。对试卷中耗时较多、摇摆不定、做错的题目进行认真、细致的分析，找出原因，是公式没掌握好，还是不理解语法，抑或是对古诗词的理解不到位，在此基础上进行补充学习。

4. 让孩子将更多的时间、精力放在较差的科目上

了解了孩子的学习“短板”之后，应该让孩子有针对性地在这些学科上多花一些时间，有效提高这一学科的成绩。

引导孩子努力，也要允许孩子休息

张帆已经读初中一年级了，但是自从上初中之后，张帆对学习就已经达到了“痴迷”的程度，常常因为研究习题而忘记吃饭，大多数时候一天只睡四五个小时，夜里研究数学题到深夜一点。

一开始看到孩子这么认真地学习妈妈还在心中窃喜，但是慢慢地问题就出现了，有一次，张帆甚至因为研究数学题而忘记了上学的时

间，在公园待了一下午，直到老师给妈妈打电话，妈妈找到他，他才想起了今天不是周末。妈妈很担心这样下去张帆会变成名副其实的书呆子。

后来趁着寒假，妈妈打算带着张帆到南方去玩几天，放松一下，可是张帆说什么都不肯去，执意让妈妈给自己报补习班，到最后妈妈也没拗过张帆。最后还是和张帆最要好的小姨主动找张帆谈心，才得知张帆这么爱学习的原因。

原来，自从自己上初中之后，就开始了补习历程，上补习班后的第一次考试，张帆的成绩就提升了一大截儿，老师还当着全班同学的面夸奖了他。后来，由于张帆的数学成绩优异，代表自己班的同学参加了数学竞赛，夺得了全校第二名，自己班第一名的好成绩，并在班级上发言。正是因为受到了这么大的鼓励，张帆开始依赖补习班。他觉得，只要自己上补习班，每天把所有的时间都用在学习上，别人一定会对自己刮目相看。

作为家长，不要因为自己的孩子在无休止地学习就感到高兴，很多时候，孩子的努力只是为了让别人对自己刮目相看，而家长却清楚，让孩子优秀的目的是为了将来更好地适应社会。而在社会上，仅仅有丰富的课本知识是远远不够的。作为家长，在发现子女失去了玩的兴趣后，要引导他们发现自己的其他爱好，比如，当孩子喜欢看书、喜欢上补习班只是为了在老师和同学面前更有成就感，家长不妨联合老师将孩子带到野外去郊游，同时和孩子谈心，帮助孩子找出他的兴趣所在。

生活中，很多孩子抱怨自己的学习太累，休息时间不足，再也无法像小时候那样无忧无虑了。父母必须明白，孩子有个轻松的好心态

更有助于他学习上的进步。所以，家长一定要让孩子学会劳逸结合，懂得放松自己。

1. 给孩子讲劳逸结合的好处

孩子努力学习是好事，但这并不意味着要疲劳学习。家长要告诉孩子，提高学习效率的前提是确保充足的睡眠，平时抽出一定的时间去参加课外活动。每学习一段时间就要做做深呼吸、眼保健操等。

2. 主动和孩子交流

很多时候，孩子不能排遣内心的压力是因为没有地方倾诉内心的负面情绪，在他们看来，只要自己的成绩好，父母和老师都会对自己刮目相看，而向他们诉说压力，他们却无法理解自己。作为父母，不妨主动和孩子沟通，先让孩子接受自己，等到彼此之间的隔阂消失之后，孩子就会愿意和父母谈心了。如果孩子实在不愿意把自己的压力向长辈诉说，你可以鼓励孩子把这些话向同龄人说出来，这有助于排解孩子内心的紧张和压力。

3. 带孩子到处走走

如果孩子最近的学习比较紧张，学习压力较大，家长不妨带着孩子到处走走，让孩子融入大自然之中，充分放松自己。特别是那些山清水秀、鸟语花香的地方，是排解烦恼的好去处。

4. 运动减压法

登山、慢跑、打羽毛球等都是非常不错的有氧运动，当孩子参加自己喜欢的运动时，内心的压力也就会释放一大半。

5. 鼓励孩子与人交往

一般来说，越是内向、不爱交际的孩子越容易走向极端。因为他们很难将内心的压力说与别人听，压力堆积得时间久了，就会把孩子

压得喘不过气来，最终走向极端。鼓励孩子与人交往，在交往的过程中不仅能排解内心的压力，而且能从他人的口中得知解决各种难题的方法，可以说是一举两得。

6. 帮助孩子了解自己，找出合适的学习方法

很多家长发现，即使自己每天都督促孩子要好好学习，孩子也很听话，埋头苦读，但是到最后的成绩却总是不怎么理想。为什么自己的孩子那么用功就是学不好，而别人家的孩子整天玩却赶超自己孩子一大截儿呢？

张淑仪是家里的独生女，虽然是独生女，可并没有享受到父母过多的宠爱，反之，家人对她的管教倒是很严，不许做这个、不许做那个，不许和这个交朋友、不许到那个地方去玩……总之，约束她的条例数也数不清。

每天放学之后，她的数学老师妈妈就会站在家门口要求她背数学公式，背不下来就不许进家门，而且还要打手板。考试成绩不理想甚至会被妈妈罚面壁思过。记得有一次，张淑仪的成绩从原来的班级前三名下滑到了第八名，妈妈竟然把她关在房间里一个星期，不许她出家门口半步，就连每天的饭菜也都是妈妈亲自给她端进来的。可即便如此，张淑仪的学习成绩仍然上不去。

再看看张淑仪的表妹冯玲玲，父亲整天炒股，妈妈忙于工作，家里几乎没人管冯玲玲，有时候晚饭没人做玲玲还要来姑姑家“蹭饭”，但是冯玲玲班级第一的排名却从来没被人挤下去过。一天，姑姑问冯玲玲：“玲玲啊，你看你表姐那么努力，怎么成绩老是赶不上你啊？”冯玲玲却说：“表姐的压力太大了，她每天要背那么多东西、做那么多题，用脑过度了，等到最重要的老师讲课的时候她却没有精力听了。

您看看我，每天上课的时候认真听讲，一下课我就出去玩放松大脑了，给下一节课要学的知识‘腾地方’，这样学习效率自然比表姐高啊。”姑姑这才恍然大悟，是自己的教育方法出了问题。

很多家长都遇到过这种情况，自己的孩子再怎么努力都让人感觉力不从心，学习效率很低。其实，这主要是因为孩子没有属于自己的学习方法，家长可以帮助孩子掌握好的学习方法，提高孩子的学习效率，让孩子轻轻松松达到学习目标。

7. 激发热情、调整心态

没有哪个孩子天生爱读书的，但是家长可以通过一些游戏来激发孩子在某方面的兴趣。比如孩子小的时候，家长可以采取和孩子玩讲故事、成语接龙的方式，培养孩子的语言表达能力、积累词汇量。通过玩扑克牌猜点数培养孩子的算数与记忆能力；在家中做些简单的小实验激发孩子对物理化学的兴趣等。等孩子稍大一些，家长也可以根据孩子的性格特点、兴趣爱好找出突破点。比如有的家长发现自己的孩子对会画画很感兴趣，每天放下书包就是对着家里的花花草草画上一阵子，久而久之，竟然画得有模有样，家长不妨趁机帮孩子报个绘画班，提高孩子的绘画水平。适合孩子的学习方法一定是建立在孩子的学习兴趣之上的，应当尊重孩子的个体差异，充分考虑孩子的优势智能，帮助孩子寻找出属于他的“金钥匙”。

8. 合理安排孩子的学习，提高孩子的学习效率

每个人都存在个体差异，每个人的生活习惯都是不同的。比如，有的孩子在晚上的学习效率最高，而有的孩子在早上的学习效率最高，有的孩子在临睡前的记忆力最好，父母应当留心观察，只有这样才可以帮助孩子尽快进入学习状态，提高学习效率。

9. 帮助孩子找出学习的小窍门

家长们都很关心如何帮助孩子找出学习的小窍门，可以从以下几点着手：平时不要给孩子太多的压力，鼓励孩子适当地多看书，或者陪孩子做适当的体育锻炼，让孩子保持平和的心态。家长还可以帮助孩子制订切合实际的学习计划，定期了解孩子的学习表现，多鼓励孩子，让孩子保持积极的心态。

10. 提高孩子解决问题的能力

父母在帮助孩子找出适合自己的学习方法的同时，还应当培养孩子自主学习和正确的思维方式，有助于提高孩子的成绩和综合素质，帮助孩子稳步、持续提升学习效率。

培养学习力，让孩子自己“会学习”

培养孩子的学习能力，是培养孩子的重要环节之一。当今的社会，是知识和信息不断更新的社会，是一个每天都会有很多变化的社会，不善于紧跟社会学习的人，将被社会所抛弃。孩子是未来社会的主人，不善于学习的孩子，在未来竞争日益激烈的社会环境中，更是无法生存。所以，培养优秀的孩子，就一定要培养他们的学习能力。

家长们可以回想一下，古往今来，凡是事业有成的人是不是都是善于学习并勤于学习的？

战国时期的名将田单，成名前是一位资历浅、爵位低、名气小的小官吏。但是，他酷爱并善于学习兵法，所以在日后燕兵伐齐的战争中，才能以奇计制胜燕兵，成为齐国军事家的后起之秀。

西汉的名相陈平，出生在一个贫苦的家庭，很小的时候便与哥哥相依为命。为了秉承父命，光耀门庭，他的哥哥不让他从事生产，只让他留在家里闭门专心读书。他不辜负哥哥的期望，也不计较嫂子的刁难，学习勤勉，而且得法，在当地传为美谈。

陈平勤奋学习的事情，感动了一位老者，老者慕名而来，免费教学。从此，陈平学习得更用功了。由于他善于学习，能够尽数消化老师所教，所以在日后辅佐刘邦的时候，才能够数出良策，几出奇谋，帮助刘邦争得天下。

家长们培养孩子学习，就得让孩子学会自学，因为善于学习的人，最大的优点就是自学。

中国工程院院士谭建荣，职务颇多，学位颇多，他所有的一切全凭善于学习而得。他说："聪明的人和笨的人有什么区别？聪明的人就是善于学习的人！"

谭建荣从没踏进过高中的校门，也没读过大学本科。他说："我初中毕业时正是'文化大革命'的时候，没书读了。所以 16 岁那年，我就进了湖州机床厂当工人。"他在工作之余并没有忘记学习，而是借高中课本来看；他背英语，读巴尔扎克和雨果的书，还写诗歌。当中央广播电大开始招生时，他还一口气学了机械工程和电子工程两个专业。

电大毕业时，他已升为厂里的技术员，然而就在此时，他直接跳过大学本科，报考研究生。凭着他的努力，3 年后，他终于如愿以偿。

研究生毕业，谭建荣给浙江大学老师童忠钫写了一封求学求职信，

说“能够进浙江大学学习和工作，那是我自幼以来的愿望”。他的诚恳打动了这位机械系主任，童忠钫接纳了他。两年后，谭建荣跨专业考上了浙江大学数学系博士；几年后，他“晋升为”博导；又几年后，他成了中国工程院院士。

谭建荣的奋斗历程，可谓是学习的历程，他的成功就在于他的善于学习、勤于学习。

每个孩子的天资大抵是一样的，只是因为后天的学习，给予了他们飞翔的翅膀，才使他们遨游在了碧蓝的天空，那么爸爸妈妈们也给孩子一双善于学习的翅膀吧！

培养孩子的学习习惯，家长们应注意以下几点：

1. 切忌说教，注重一点一滴的养成

有的家长认为，要求孩子好好学习必须经常讲很多道理，其实不是这样的。家庭教育要注重潜移默化。孩子良好的学习习惯依靠一次次的重复以成自然。浓厚的学习兴趣依靠一点一滴培养起来，令人乏味的说教会破坏适宜学习的气氛。所以，家长要学会说短话，保持正常的家庭气氛，让孩子感到平和、宁静、有安全感。

2. 切忌“轰轰烈烈”，注重循序渐进

由于对孩子寄予很大希望，家长们容易制订过多的教育计划，抓紧一切机会和空闲让孩子学这学那，把家庭教育弄得轰轰烈烈，气势很大。其实，这是没有必要的。孩子的学习长达几年、十几年的时间，轰轰烈烈的气氛会破坏正常的学习进程，往往欲速而不达。所以，家长在制订教育计划的时候，一定要根据孩子的情况循序渐进，量力而行。春风化雨远胜过有头无尾的轰轰烈烈。

3. 切忌严厉，注重营造宽松气氛

严厉的气氛并不适宜大脑思考，学习是大脑的活动，大脑如果处于恐惧和惊惶之中，是不可能出现积极状态的。有的家长在孩子做作业时，守在一旁，孩子稍稍做错一点，就厉声训斥，甚至一个耳光打过去。这种紧张的气氛使孩子恐惧，大脑的思考被严重抑制、扰乱，从而严重妨碍孩子的学习。

4. 切忌支配，注重让孩子自主学习

爸爸妈妈要让孩子养成自主学习的好习惯，而不是每天放学回家，什么时候做作业，什么时候玩，一切的一切都得听从父母安排。这种绝对支配和被支配的气氛，对孩子的学习是不利的。比如一年级孩子刚上学，回家肯定要问家长："爸爸（妈妈），现在做什么？""爸爸（妈妈），我现在可以玩吗？"这时，家长要指导孩子学会自己安排学习和玩耍的时间。家长可以说："你能自己安排好吗？不会的爸爸（妈妈）帮你。"这样可以培养孩子的主动性，让他学着自己安排学习。

激发学习兴趣，孩子才能坚持学习

学习是一件非常辛苦的事，也是一件需要持久坚持的事，所以人们常说"学贵有恒"，也因此荀子写下了"骐骥一跃，不能十步；驽马十驾，功在不舍"的传世名言。事实上，即便生来再聪慧的孩子，如

果中断学习，他先前的才华，也只能是昙花一现，他也只能平庸地终老一生。

然而，让孩子耐下心来学习，还真是一件麻烦事，因为孩子的好奇心比较重，见什么喜欢什么，见什么想学什么，但是常常不能持久，所以培养孩子持之以恒的学习习惯，可以从他们的兴趣爱好做起。

一位小朋友和爸爸去叔叔家做客，发现叔叔家的钢琴挺好玩，于是就要学钢琴。爸爸针对他以前学画画时耐性不够的缺点，一开始并没有答应他，只是常带他去看别的孩子弹琴，让他感受练琴时的辛苦和枯燥，让他知道练琴所需要的耐性和坚持。

除了这些，爸爸还给他讲了好多名人持之以恒而取得成功的事例，并且告诉他如果想和钢琴家一样弹出优美动听的旋律就得付出代价。

接下来爸爸告诉他，如果要学就要坚持不懈，不能遇到困难就退缩。这位小朋友经过考虑，答应了。为了防止他半途而废，这位爸爸首先以身作则，每次都坚持同他一起去学习，每晚都要在旁边鼓励他，遇到有难度的曲子时，还和他一起练习，和他比赛，看谁能先学会。

如学到四手联弹时，爸爸就和他比谁的音阶和节奏最准，比谁的手形最好看。在学歌曲时，就让他自弹自唱，每次还为他评分，让他有种演奏家的满足感。

就这样自始至终，这位小朋友对钢琴都怀着极浓厚的兴趣，每周到老师家里学琴都很积极，每次都迫不及待地要求老师检查功课。正如老师所讲，这位小朋友是她所教学生中对钢琴最有兴趣、完成功课最好且一直能坚持下去的一个。

培养孩子持之以恒的学习习惯，可以激发他们学习的兴趣，让他们在兴趣中坚持，因为兴趣是最好的老师。

培养孩子持之以恒的学习习惯，家长们应该注意以下几点：

1. 让孩子正确地对待学习中的挫折和困难

学习过程中难免会有挫折，一次考试的失利抑或一道难题，都是成功的绊脚石。告诉孩子学习是需要打持久战的，不可轻言放弃。

2. 让孩子在学习中戒骄戒躁

要孩子明白学习若骄傲自满，不能持之以恒，就会永远徘徊在成功的门外。只要在学习中排除一切不良的情绪，不被一时的冲动或成功冲昏了头，成功将会永远属于自己。

3. 让孩子在学习中体验快乐

不少孩子在学习中不能持之以恒，就是因为感觉学习太枯燥了。所以，爸爸妈妈应该想办法让孩子感受到学习是快乐的。

4. 让孩子对学习产生兴趣

兴趣是最好的老师，如果孩子对学习没有兴趣，一般都很难学下去，所以培养孩子的学习兴趣，是孩子学习持之以恒的重要因素。

所谓“学贵有恒”，胜不骄，败不馁，家长陪孩子坚持下去，那么你教育的成功，孩子将来的成功都不会太远。

别让古板教育，扼杀孩子的好奇心

有个小男孩，经常缠着妈妈给他讲故事。一天，妈妈给他讲聪明的小白兔战胜可恶的大灰狼的故事。他不解地问妈妈："为什么小白兔就是好的，大灰狼就是坏的呢？"妈妈先是愣了一下，接着狠狠给了儿子一个耳光，她声色俱厉地说："笨蛋，这难道还用问吗？这不是显而易见的吗？"

男孩"哇"的一声哭了。妈妈不耐烦，又狠狠地抽了儿子两下说："哭，哭，有什么好哭的，这么笨还好意思哭！"

男孩莫名其妙地挨了打，却不知道自己错在哪里。那天晚上，他躺在床上，心里愤愤地想，你是大人就可以不回答我的问题，就可以不讲理吗？你力气大就可以随便打我吗？从此他不再缠着妈妈讲故事，也失去了听故事思索提问的好奇心，但心中却留下了仇恨。

这位妈妈怎么也不会相信，自己一记重重的耳光，不仅剥夺了儿子爱思考的好习惯，也打跑了儿子的自尊心。学问就是"学"和"问"，意思就是一定要学着怎样去问问题。学习不思索、不质疑、不提问，怎么能是真正的学问呢？

孩子能够提出问题，表明他经过了认真的思考。不管孩子提出的问题是多么天真幼稚、多么搞笑、多么不可思议，父母也都要抱以鼓

励的态度，保护孩子这种用心思考的精神。

培养孩子勤于思考的习惯，就要认真而有耐性地回答孩子的提问，并给予肯定和鼓励。只有这样，才能激起孩子爱思考的好奇心。

在飞机上，一位妈妈与她的两个孩子一直在讨论一些有趣的问题。比如飞机怎样飞，飞机在飞的时候为什么“不会动”，飞机上的窗户为什么不能够打开，这么大的飞机是怎么飞上天的，为什么人不会飞等。

对于孩子提出的每一个问题，母亲总是耐心地回答。当然，母亲并不能准确地回答每一个问题，那她就和孩子热烈地讨论着，孩子的兴趣越来越大，提出了绝大部分成年人没想到而且回答不了的问题。

孩子的好奇心既是孩子思考的温床，也是孩子提问的源泉，所以想要培养孩子勤于思考的习惯，就绝不能扼杀了孩子的好奇心。

孔子在《论语》中告诉人们：“学而不思则罔。”洛克威尔曾说：“真知灼见，首先来自多思善疑。”先贤哲人都认为，思考是学习的点金术。

正是如此，瓦特看到水开了，在不懈的思考中发明了第一台蒸汽机；牛顿看到苹果落地，经过冥思苦想，发现了万有引力定律……由此可见，善于思考者必定受益无穷。如果父母从孩子小时候起，就培养他勤于思考的习惯，那么这对于孩子的学习成长将会非常有益。

有一个孩子，从牙牙学语时起，父母就很注意培养他动脑的习惯。父母去商店买油盐，就带上他，让他去看售货员打算盘，做计算。很快，这个孩子对奇妙的阿拉伯数字产生了浓厚的兴趣。回到家，父母便教他学习简单的加减法。

过春节，父母忙着做汤圆，母亲便问他：“数一数，做了多少个？”

“28 个！”这个孩子一一数完了，响亮地回答。

“再做几个，每人就能都吃到 10 个汤圆呢？”母亲启发他。

“再做两个就够了！”

当这个孩子再长大一些，父母就让他独自到店里买油打醋。每次买东西回来，他把账都报得一清二楚。就是这种让孩子处理问题的方法培养了他勤于思考的习惯。

因为拥有勤于思考的习惯，上学后他的智力超出常人许多。在短短的数年内，他便学完了别人用 10 年才能学完的功课。

这个孩子就是顺利考上中国科技大学的 15 岁大学生施展。

由此可见，培养孩子勤于思考的好习惯，非常有益于孩子的学习和成长。善于思考是一种好习惯，它能传承精华，去除糟粕，是孕育智慧的火花。家长绝不能因为孩子的问题繁多、幼稚而熄灭了孩子孕育智慧的火花。

允许异想天开，培养孩子的创造性思维

天空是飞机的世界，学习就像飞机在知识的天空中飞翔，而想象力就是飞机的翅膀，有了想象的翅膀，飞机才能够在知识的天空中飞翔。

达尔文从小就是一个想象力很丰富的孩子，他尤其热爱大自然，喜欢探险、采集各种标本。

他的父母对培养儿子的想象力很重视，总是想方设法地满足孩子的兴趣和爱好，鼓励他努力学习，探索真理，这为达尔文以后成为闻名于世的生物学家产生了很大的影响。

一天，小达尔文和妈妈一起到花园里种树。妈妈对达尔文说："泥土是个宝，小树只有在泥土中才能长成参天大树。别小看这泥土，它能长出青草，青草又喂肥了牛羊，我们才有奶喝，才有肉吃；是它长出了小麦和棉花，我们才有饭吃，才能填饱肚子，才有衣服可以御寒。泥土太宝贵了。"

这些话，让小达尔文想到了一个问题，他疑惑地问："妈妈，那泥土里能不能长出小狗来呢？"

"当然不能呀！"妈妈笑着说，"小狗不是泥土里长出来的，是从狗妈妈的肚子里生出来的。"

达尔文又问："我是妈妈生的，妈妈是妈妈的妈妈生的，对吗？"

"对呀！所有的人都是他自己的妈妈生的。"妈妈微笑地回答。

"那最早的妈妈又是谁生的？"达尔文接着问。

"是上帝！"妈妈说。

"那上帝是谁生的呢？"小达尔文穷追不舍地问。

妈妈一时答不上来了。她对达尔文说："儿子，世界上有好多事情对我们来说是个谜，你快快长大吧，这些谜需要你去解释呢！"

就这样，达尔文怀着想象，不断地去探索、追寻，最后他成了闻名于世的生物学家。

如果达尔文没有想象力，那么今天的"进化论"也许就不会存在了。而达尔文的父母最成功之处，就在于支持儿子的想象力。

每个孩子都有自己独特的想象空间，不同的父母将挖掘不同的宝

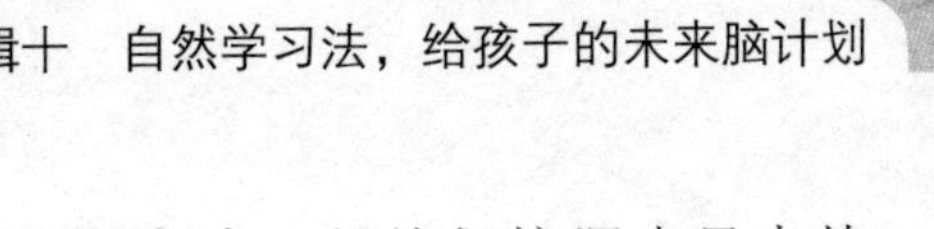

藏。所以，我们要让孩子拥有丰富的想象力，帮他们挖掘出最大的宝藏。

培养孩子的想象力，就应该支持和鼓励孩子的“异想天开”。现代速算法的创始人史丰收能有震惊世界的成就，就得益于他小时候的异想天开。

史丰收小时候总是主动地做一些“离谱”的事，说一些“异想天开”的话。他曾把死兔子放在炕上，想把它烤热救活，他也曾缠着大人问人死了为什么不能再活……

上幼儿园时，老师教孩子们写“大小”二字，史丰收却按照自己的理解将“小”字写成“十”字。老师给他纠正，说他写得不对，但小丰收不服气地辩解说：“‘大’字两条腿向外伸得大大的，‘小’字两条腿应该向中间缩得小小的，所以小应该写成‘十’。”他的一番荒诞不经的解释让老师又好笑又生气。

后来，上了小学，在学四则运算的时候，史丰收提出一个“离经叛道”的问题：“运算时能不能从高位算起呢？”老师没有批评他问得奇怪，而是鼓励他说：“古今中外，几千年来都是从低位算起的，这是古人总结的经验，你要是有本事，也可以发明创造嘛！”

正是老师在课堂教学中站好了创新的制高点，对史丰收的成长给予了鼓励。才使他在那个特殊的年代，一直“异想天开”下去，他不但天天想、时时想，而且无论是吃饭时，还是在走道时，他都在想象着。长大后，他终于成了中国家喻户晓的名人。

由此可见，支持孩子的“异想天开”，会使孩子在将来得到意想不到的收获。

培养孩子的想象力，家长可以参考以下几点去做：

1. 在游戏中提升孩子的想象力

游戏是孩子的主要活动，父母可以在孩子游戏时鼓励他们自己提出游戏的主题和内容，如果形成了习惯，孩子的想象能力就会迅速得到提高。

2. 让孩子多接触图画，包括多看和多画

父母应多带孩子观察大自然和多看知识性、趣味性强的图片，这些是孩子展开想象的立足点。在此基础上教孩子画画，鼓励其把头脑中想象的东西画出来。开始时，父母可以先画一些基本线条，告诉孩子要画什么，再让孩子根据自己的想象把画画完。孩子喜欢画画，父母最好不要代拟主题和内容，要让孩子想画什么就画什么，这样才能令孩子有广阔的想象空间。此外，父母可以画一幅未完成的画，让孩子想象并补画其余内容，构成一个完整的画面。

3. 多给孩子讲童话故事

童话故事适合孩子想象的特点，常常听童话故事的孩子的想象能力比不听、少听童话故事的孩子要丰富得多。最主要的是父母讲完后，让孩子马上复述。孩子可能在复述中有添枝加叶的地方，只要主题大意不变，父母就应该鼓励。千万不要泼冷水，以免挫伤孩子想象的积极性。父母给孩子讲故事，有时可讲到一定的地方不往下讲，引导孩子自己对以后的故事情节进行想象。

4. 让孩子进行“情景描述”

父母可以常常和孩子做这样的游戏，比如，父母说：“这是一个下雪天，想想看是什么样子？”孩子根据他的想象进行描述。反过来，孩子也可以问父母：“这是一个下雨天，想想看是什么样子？”此时父母应尽量认真细致地描述一番，从中给孩子一些启发。诸如此类的问题

有很多。在想象时，孩子的水平会有差别，父母要引导孩子讲述更加丰富的内容，让孩子尽情地说出他的想法。即使他的答案很滑稽，甚至不合逻辑，都不要批评，唯有父母的倾听、接纳才能引导出孩子更好的答案。

想象力比知识更重要，因为知识是有限的，而想象力概括着世界的一切，推动着世界进步，并且是知识进化的源泉。严格地说，想象力是科学研究的实在因素。